【熱愛推薦】
再次發現高雄的美和好玩的地方……

身為一個土生土長的高雄人，對於《來去高雄晃一晃》特別的期待，再加上作者是日本人，讓我很好奇以日本人來觀光的視角，會如何分享高雄這個地方。

作者整趟旅遊過程皆由漫畫的方式呈現，也畫出了很多我們平時忽略的日常小細節，覺得很有趣，看完這本書只想好好跟著作者認真玩一遍高雄。

——IG圖文畫家 **chichi**

2020年是原名「打狗」更名為「高雄」滿100年，因發音接近日本京都附近的高雄山（Takao），後來才被改名為「高雄」，透過澎湃野吉到高雄旅遊的行程，用逗趣、幽默的角度，還有插畫家獨特的視角，其實讓我這個高雄人對於熟悉的事物，也產生顛覆的想像與趣味的大爆發，細膩的觀察轉化成漫畫式的詮釋表達，更是讓人捧腹大笑。

——樹德科技大學動畫與遊戲設計系助理教授 **尹立**

對旅行沒興趣，卻首度來到台灣旅遊的日本人！想像中的台灣 vs. 真實到訪的台灣，究竟有什麼不一樣呢？我們習以為常的日常，原來在外國人眼中是這麼的不平常！

以詼諧輕鬆的口吻，豐富有趣的插畫，把我們拉進這趟高雄的奇幻旅程！是本令人會心一笑的讀物！也讓我更期待著之後澎湃野吉的每趟旅程呢！

——阿發哩得 **Alpha Leader**

高雄正用你想像不到的速度變美。這本書不只將美食美景盡收眼底，更寫出人情的溫度。如果你還沒看過聽過吃過體驗過熱情美好的高雄，透過澎湃野吉幽默的視角，舊雨新知都能對高雄有新鮮有趣的認識。拿著這本藏寶圖一起來高雄挖寶吧！

——高雄市議員 **黃捷**

沒想到能看到日本漫畫家到我們出生的故鄉「高雄」旅遊的漫畫書，讓目前正待在日本的我們好懷念啊！在地人很容易不清楚哪些事物對外地人來說是新奇又有趣的，能透過澎湃野吉的「眼睛和手」再次發現故鄉的美和好玩的地方，真的很棒！

——最閃情侶作家 **綜合口味**

（依姓名筆劃順序）

澎湃野吉旅行趣 6

來去高雄晃一晃

澎湃野吉◎圖文　張智淵◎譯

前言

我去了一趟台灣～♪
這是我第3次出國旅行，
感覺完全習慣了國外。
本書叫做《來去高雄晃一晃》，
國外旅行的魅力在於
品嚐在該國才吃得到的食物和飲料。
我這次發現的飲料
名叫珍珠奶茶，
各位或許不知道
奶茶中竟然加了一顆顆的珍珠!!
那麼，敬請期待澎湃野吉旅行趣
《來去高雄晃一晃》。

Bon.
2019.10月

登場人物介紹

澎澤野吉

這本漫畫的作者。
討厭旅行的宅男插畫家。
不曉得近年的台灣旅行風潮，
如今說到台灣，仍然深信台灣只有香蕉。

SUZU

BON公司社長兼編輯
熱愛旅行，出國經驗豐富，
但是第一次去台灣。
嗜好是帶著井上先生（猴子玩偶），
去旅行地點拍照。

金子

BON公司員工，編輯兼惡魔。
說話都用片假名，
體能非常強，愛喝珍珠奶茶。

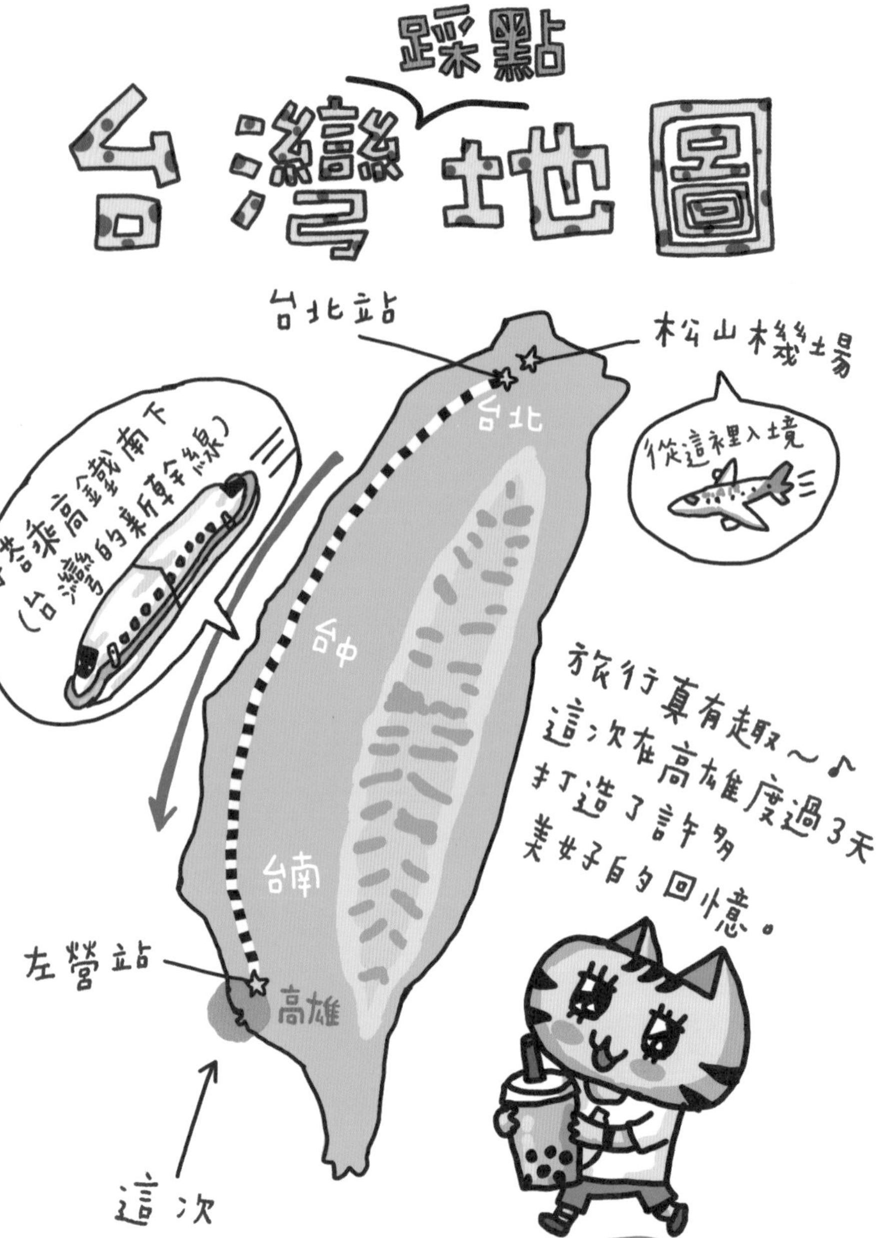
踩點
台灣地圖
台北站
松山機場
台北
從這裡入境
搭乘高鐵南下
(台灣的新幹線)
台中
台南
旅行真有趣～♪
這次在高雄度過3天，
打造了許多
美好的回憶。
左營站
高雄
這次
在這一帶鬼混唷♥

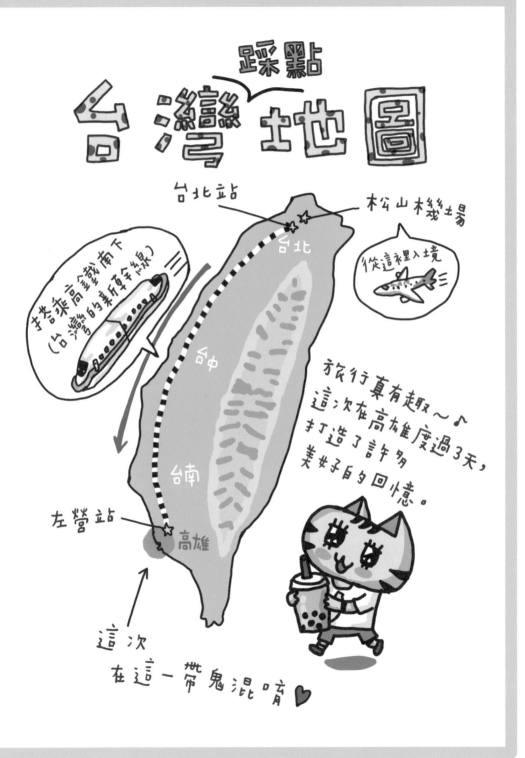

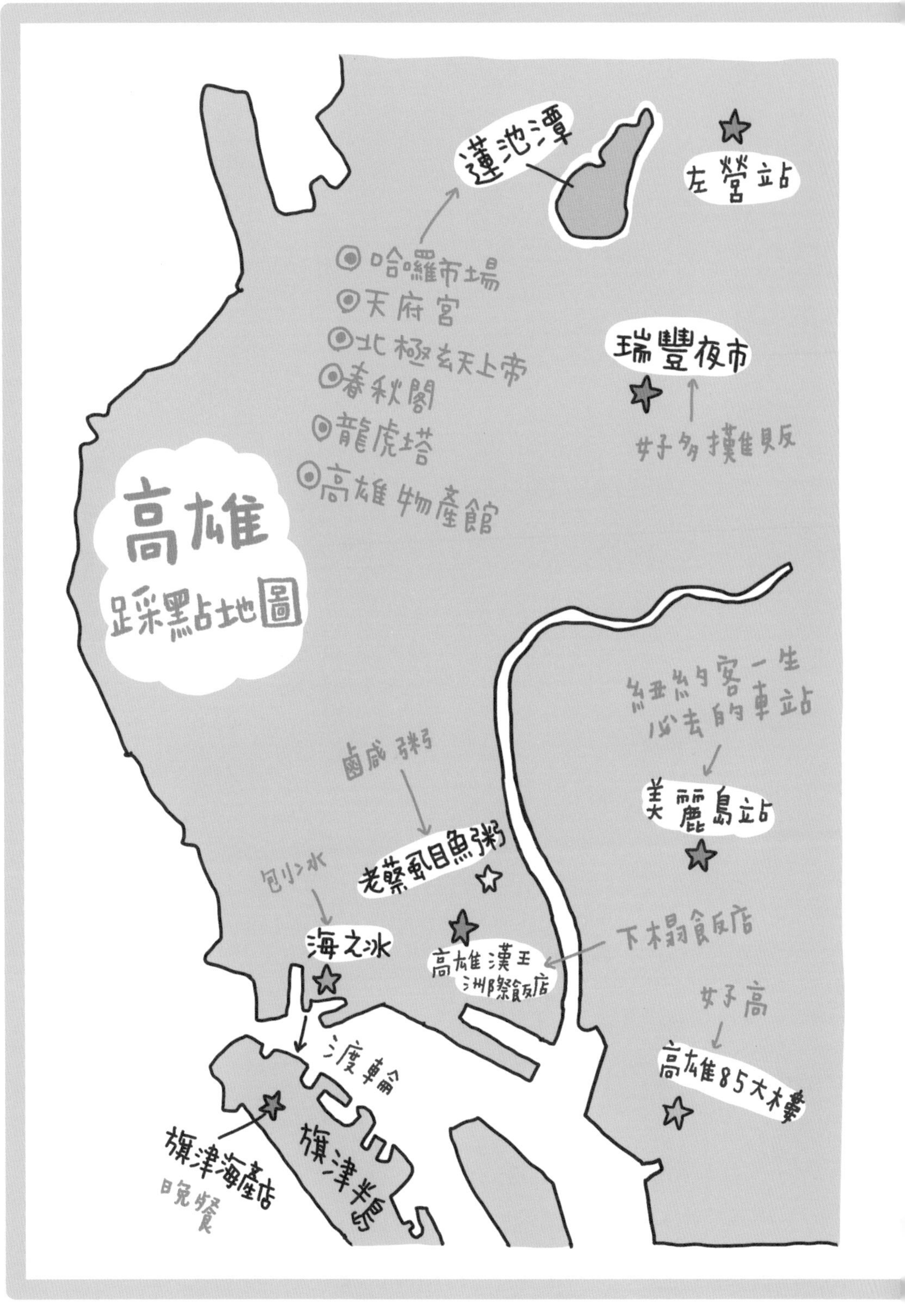
高雄
踩點地圖
蓮池潭
左營站
哈囉市場
天府宮
北極玄天上帝
春秋閣
龍虎塔
高雄物產館
瑞豐夜市
好多攤販
紐約客一生
必去的車站
美麗島站
鹹粥
老蔡虱目魚粥
刨冰
海之冰
高雄漢王
洲際飯店
下榻飯店
好高
高雄85大樓
渡輪
旗津
旗津海產店
晚餐

目 次

※本書是基於2018年11月～12月取材時的體驗所描繪。基本上是非虛構，但偶爾有作者主觀的見解、妄想，以及漫畫式的走鐘一發不可收拾的部分，還望海涵。此外，文字也是手寫字，因此或許有些難以閱讀。諸多細節，敬請事先做好心理準備。

壹

第1天
搭乘高鐵，
前往高雄。
先在瑞豐夜市尋訪美食。

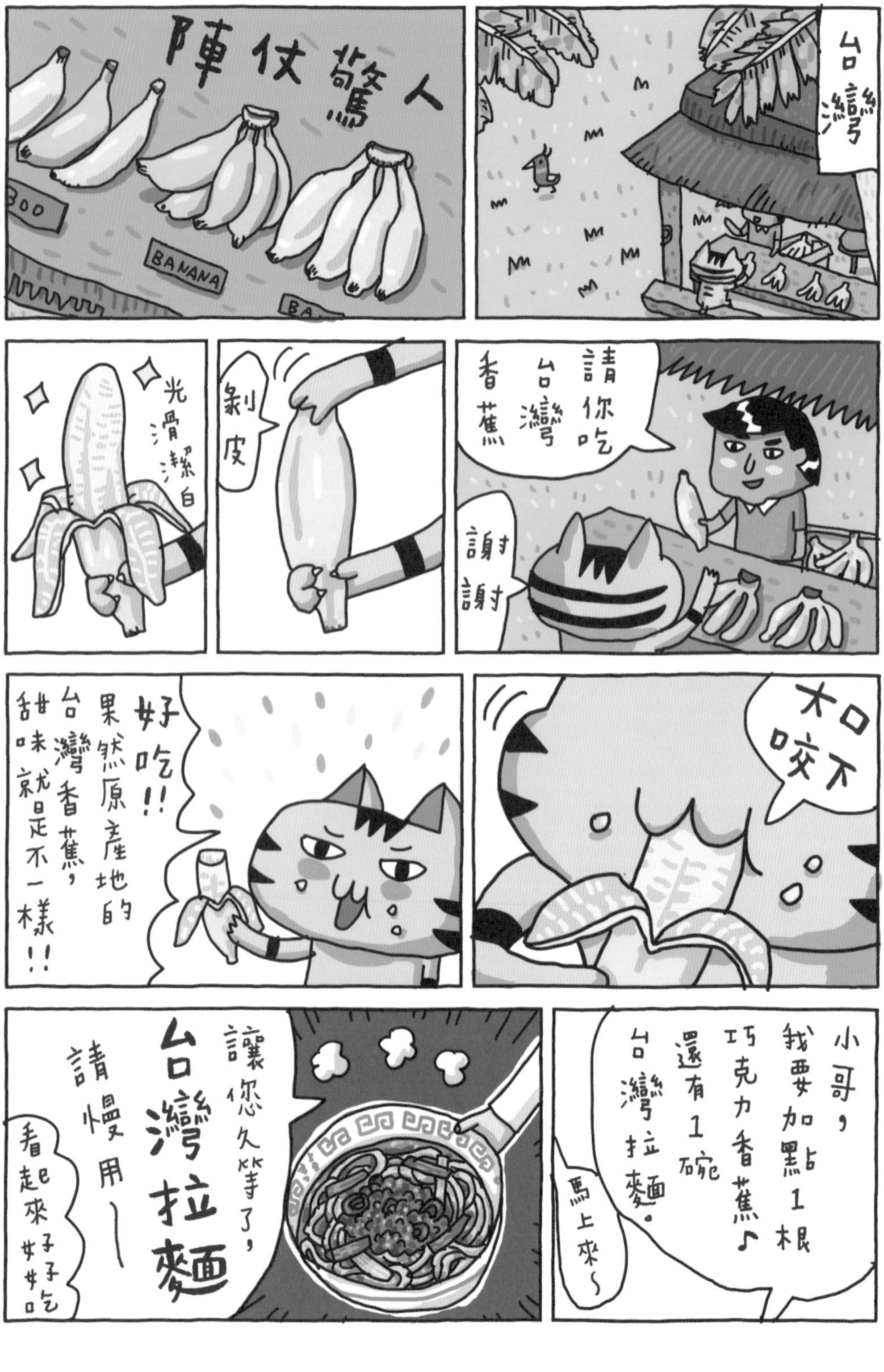
陣仗驚人
BANANA
台灣
光滑潔白
剝皮
請你吃台灣香蕉
謝謝
好吃!!
果然原產地的台灣香蕉，甜味就是不一樣!!
大口咬下
小哥，我要加點1根巧克力香蕉♪還有1碗台灣拉麵。
馬上來~
讓您久等了，台灣拉麵
請慢用~
看起來好好吃

譯註：據說拿坡里義大利麵是由橫濱新格蘭飯店的主廚——入江茂忠所發明，以番茄醬調味，並非源自義大利的料理。

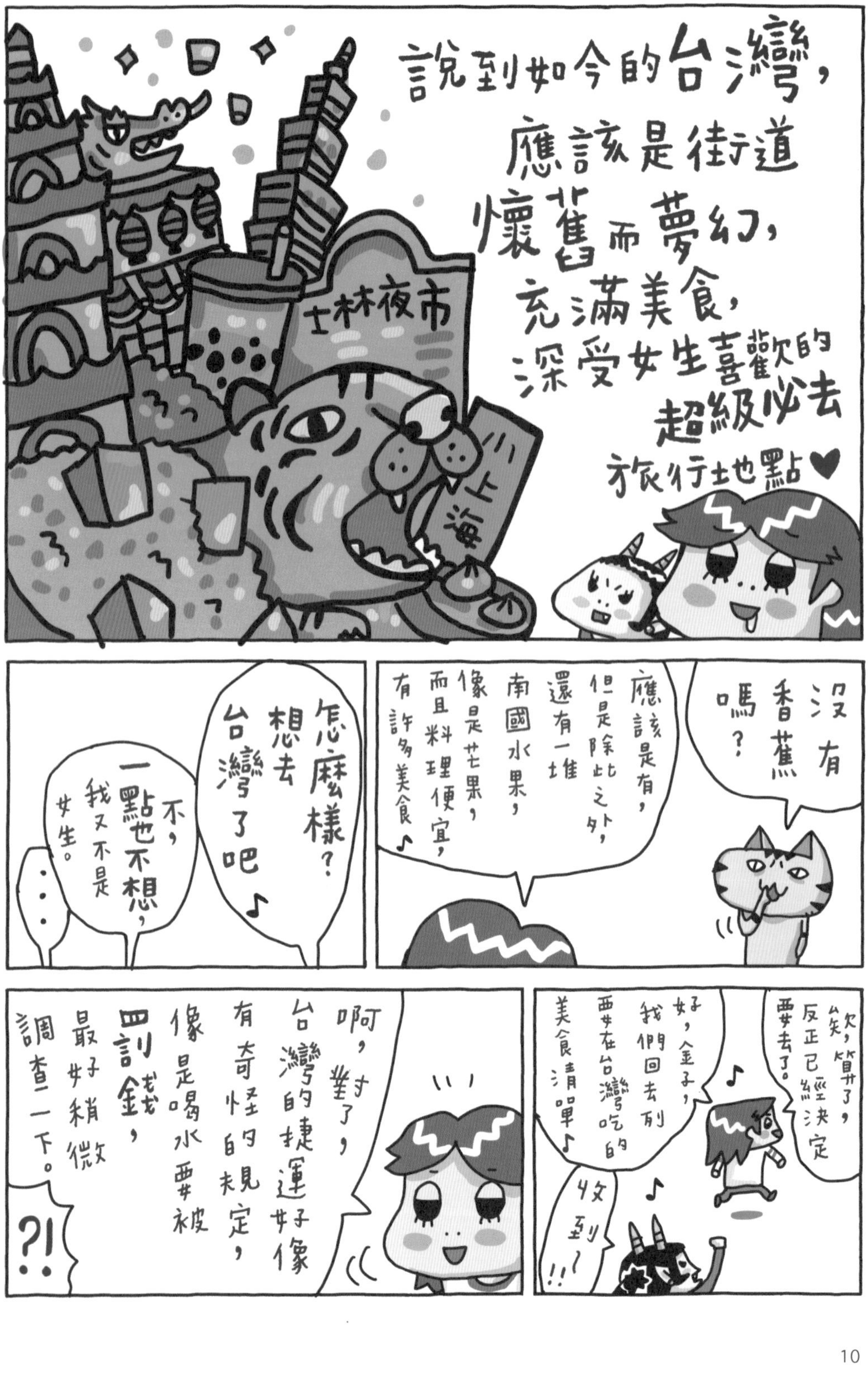
說到如今的台灣，
應該是街道
懷舊而夢幻，
充滿美食，
深受女生喜歡的
超級必去
旅行地點♥
士林夜市
小上海
沒有香蕉嗎？
應該是有，但是除此之外，還有一堆南國水果，像是芒果，而且料理便宜，有許多美食♪
怎麼樣？想去台灣了吧♪
不，一點也不想，我又不是女生。
…
欸，算了，反正已經決定要去了。
好，金子，我們回去列要在台灣吃的美食清單♪
收到~!!
啊，對了，台灣的捷運好像有奇怪的規定，像是喝水要被罰錢，最好稍微調查一下。
?!

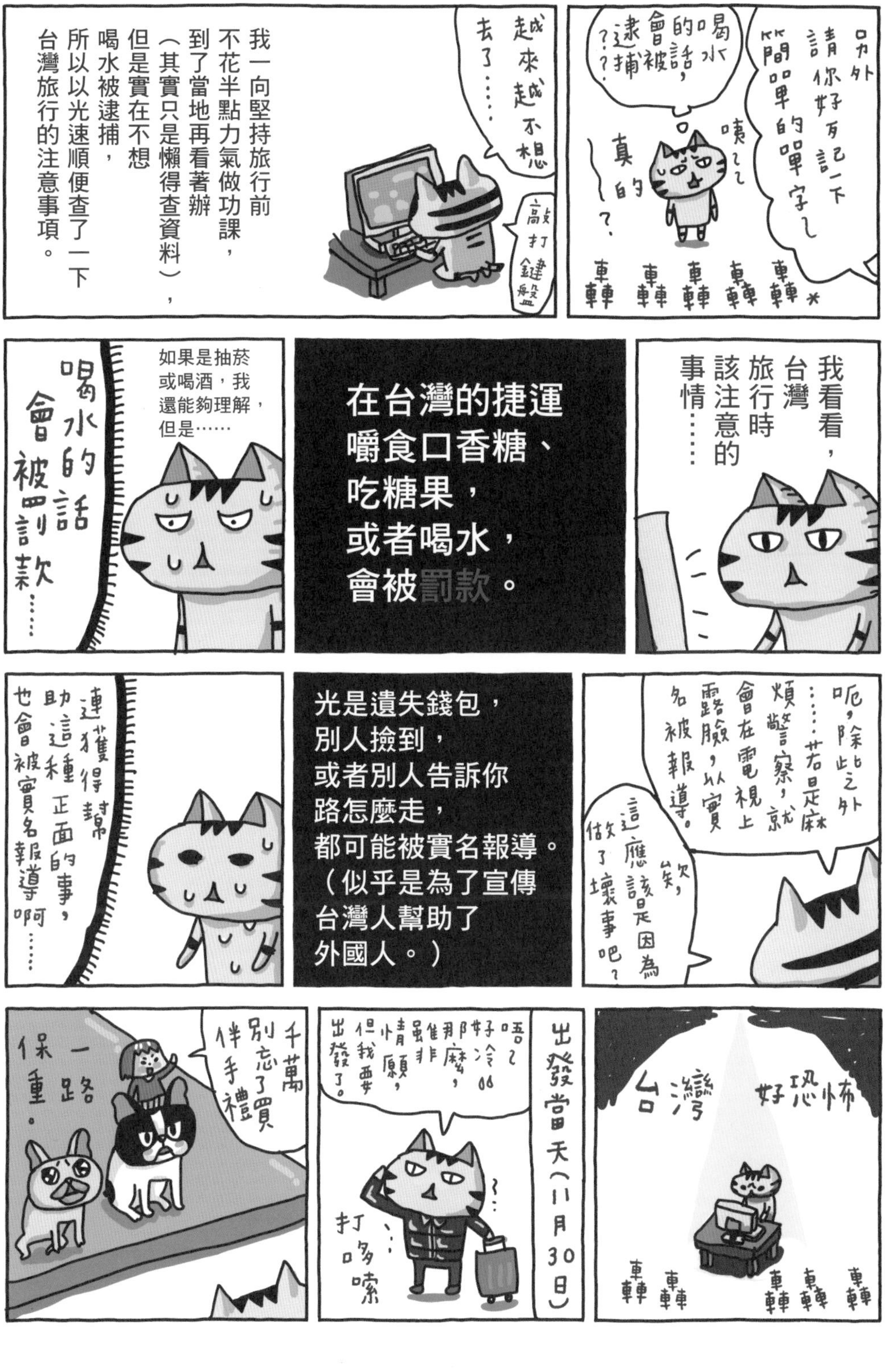

另外請你好好記一下簡單的單字乀
喝水的話會被逮捕??
咦乀乀
真的~?
轟轟轟轟轟*
越來越不想去了……
敲打鍵盤
我一向堅持旅行前不花半點力氣做功課，到了當地再看著辦（其實只是懶得查資料），但是實在不想喝水被逮捕，所以以光速順便查了一下台灣旅行的注意事項。
我看看，台灣旅行時該注意的事情……
在台灣的捷運嚼食口香糖、吃糖果，或者喝水，會被罰款。
如果是抽菸或喝酒，我還能夠理解，但是……
喝水的話會被罰款……
呃，除此之外……若是麻煩警察，就會在電視上露臉，以實名被報導。
欸，這應該是因為做了壞事吧？
光是遺失錢包，別人撿到，或者別人告訴你路怎麼走，都可能被實名報導。（似乎是為了宣傳台灣人幫助了外國人。）
連獲得幫助這種正面的事，也會被實名報導啊……
台灣好恐怖
轟轟轟轟轟
出發當天（11月30日）
唔乀好冷
那麼，雖非情願，但我要出發了。
打哆嗦
千萬別忘了買伴手禮
一路保重。

譯註：「轟轟轟……」為漫畫《JoJo的奇妙冒險》中，常見的獨特背景音效。

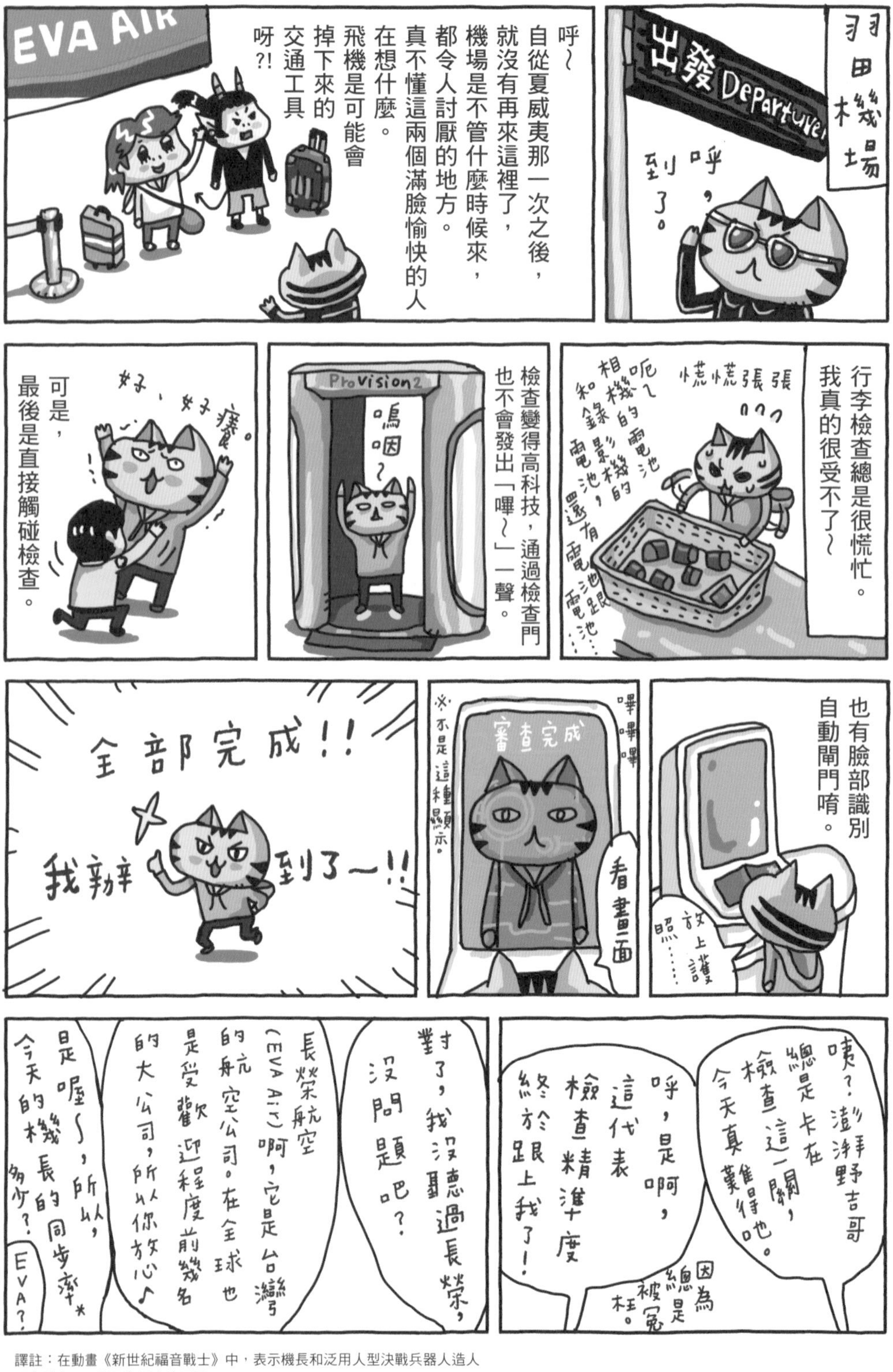

譯註：在動畫《新世紀福音戰士》中，表示機長和泛用人型決戰兵器人造人福音戰士EVA的同步程度的用語。

條也開啟
ABOARD
一點也不覺得他有救
別說不吉利的話!!
一坐在座位上，突然變得安靜。
澎湃野吉哥，你沒事吧??
恰恰♪
咚咚♪
咚咚♪
起飛和降落時，請將小型電子設備
恰啦啦♪啦啦♪
快步奔走～
?!
機內安全影片啊？這可得好好看一下才行!!
攸關性命
滿臉得意
拉緊!!
前方的腰帶!!
左扭～ 右扭～
恰啦啦♪
請拉救生衣
揮舞手臂
足蹈
手舞
放入座位下方。
前往台灣～!!
咻～
話才說到一半，飛機就起飛了～!!
身體向後擠壓
為何一邊跳舞，一邊說明??
沒問題嗎？
長榮航空～

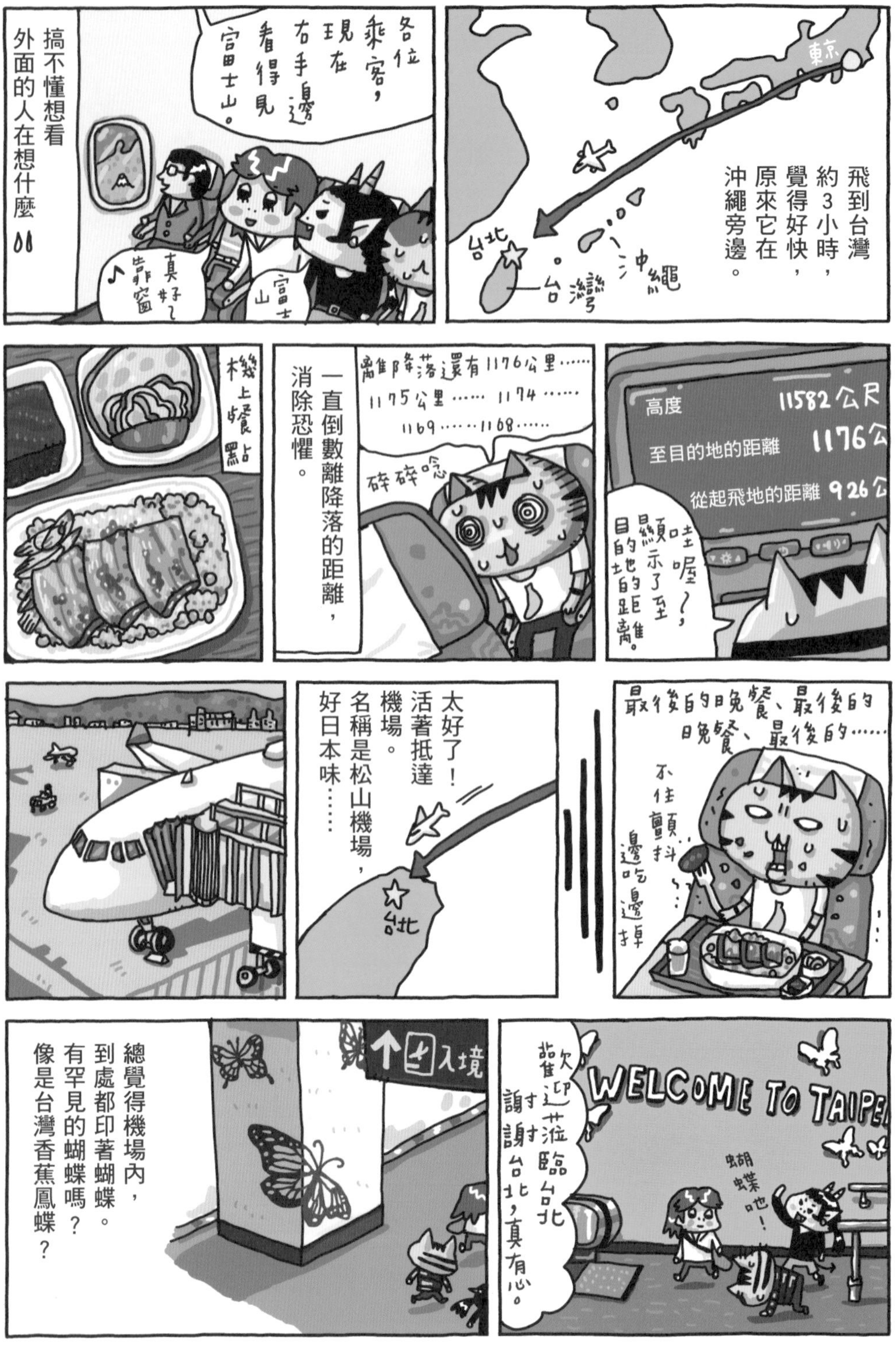

飛到台灣約3小時，覺得好快，原來它在沖繩旁邊。
東京
台北
台灣
沖繩
各位乘客，現在右手邊看得見富士山。
搞不懂想看外面的人在想什麼
靠窗真好～
富士山
高度 11582公尺
至目的地的距離 1176公
從起飛地的距離 926公
哇喔？顯示了至目的地的距離。
離降落還有1176公里…… 1175公里…… 1174…… 1169……1168……
碎碎唸
一直倒數離降落的距離，消除恐懼。
機上餐點
最後的晚餐、最後的晚餐、最後的……
不住顫抖
邊吃邊掉
太好了！活著抵達機場。名稱是松山機場，好日本味……
台北
歡迎蒞臨台北
謝謝台北，真有心。
WELCOME TO TAIPE
蝴蝶吧！
入境
總覺得機場內，到處都印著蝴蝶。有罕見的蝴蝶嗎？像是台灣香蕉鳳蝶？

這是什麼？
飲水機？
在台灣，不要喝（不能喝？）自來水。如果要喝水，該買礦泉水，或者使用設置於各個地方的飲水機。
一起放置的
紙杯
冰水 COLD
溫水 WARM
熱水 HOT
溫水？冰的比較好。
嘩啦嘩啦
嗯，溫的。
咦？澎湃野吉哥你不喝嗎？
我等一下，妳們兩個沒有拉肚子的話，我再喝。
你這傢伙
一行人領取行李箱，走出入境大門。
在香蕉大國「台灣」的冒險，終於即將展開。
先換台幣吧。看你們是要在出了入境大門之後，旁邊的銀行窗口，還是在手續費便宜我推薦的ATM換錢……
嗚哇～排好多人。
大排長龍
兆豐國際銀行
忽然往角落一看……
和不認識的大叔對上了眼……

譯註：工藤靜香的〈無言……嫵媚〉這首歌中的歌詞。♪

在台灣，首先映入眼簾的事物是……
TAIPEI INTER
馬？
天馬？的機器型裝置
藝術
Panasonic
Panasonic
密密麻麻的大樓……
豔陽高照!!
姑且不論那個，這是什麼……
這是宅男胡亂的想像。
總覺得比想像中更都會的感覺……我本來以為有更多茂密的香蕉樹。
30
台灣的……夏天，是不是不太妙？
……我可以去脫一下羽絨外套嗎？
烈日炎炎
好熱!!
而且陽光好強。總覺得會被曬成人乾。
令人想起在夏威夷的船上，被大太陽曬的感覺。
現在……是11月，對吧？

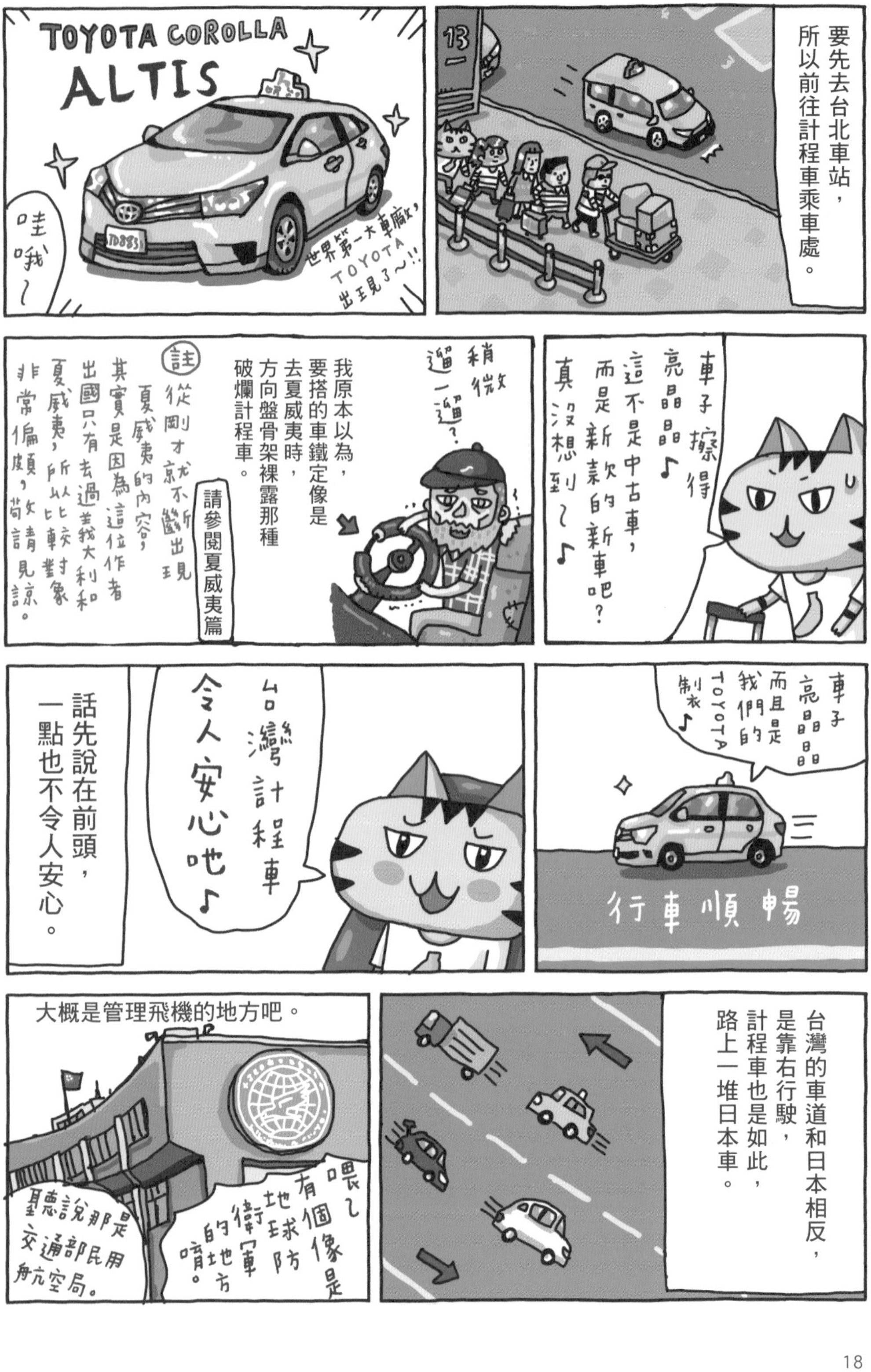
要先去台北車站，所以前往計程車乘車處。
TOYOTA COROLLA ALTIS
哇哦～
世界第一大車廠，TOYOTA出現了～!!
車子擦得亮晶晶♪
這不是中古車，而是新款的新車吧？
真沒想到～♪
稍微遛一遛？
我原本以為，要搭的車鐵定像是去夏威夷時，方向盤骨架裸露那種破爛計程車。
請參閱夏威夷篇
註 從剛才就不斷出現夏威夷的內容，其實是因為這位作者出國只有去過義大利和夏威夷，所以比較對象非常偏頗，敬請見諒。
車子亮晶晶
而且是我們的TOYOTA製♪
行車順暢
台灣計程車令人安心吧♪
話先說在前頭，一點也不令人安心。
台灣的車道和日本相反，是靠右行駛，計程車也是如此，路上一堆日本車。
大概是管理飛機的地方吧。
喂～有個像是地球防衛軍的地方。
聽說那是交通部民用航空局。

哎呀呀，不管哪一個國家，都有開車橫衝直撞的人……
哇
疾速奔馳!!
PORSCHE
APU391
豐動物醫院
那是動物醫院吧？總覺得猜得到♪
那是因為正確答案只跟日文差一個字……
計程車司機也是開車橫衝直撞的人。
來、來人啊，用中文告訴司機，「我們很閒，不用那麼趕」!!
蛇行飆車
引擎怒吼
哇哩?!
上一秒才這麼想……
然後，緊急踩煞車
緊急煞車
要撞上了～
應該說是整體而言，全部都是開車橫衝直撞的人……
所有人都拚命往前鑽，哪怕只是前進一個車身的距離也好。
右鑽
右鑽
左鑽
可是，大家開這麼快，靠近到快要碰撞卻沒有撞上，可見台灣人的開車技術很好嗎……？
這樣很糟糕。我考到駕照，自己開車，所以知道這麼做有多恐怖……
請參閱澎湃野吉老大不小，41歲才考到駕照篇

明明就撞得一堆凹痕!!
硬擠進來
很危險!!
這樣怎麼行?! 車子撞得歪七扭八，開車技術不怎麼樣嘛。突然那樣硬擠進來，萬一撞上怎麼辦?!
叭叭~
叭~
真的會忍不住按喇叭。仔細一聽，到處響著喇叭聲。也就是說……
緊急煞車
叭叭~
叭叭~
嗶~
叭~
這不是一部分，亂象到處發生。
嗯~ 我不認為日本的開車禮儀好，但是這也太糟。
可是，和日本不一樣的是，按喇叭的人和被按喇叭的人都習以為常，感覺他們不太在意。換作在日本，可能會演變成糾紛。
叭叭
叭
不過，從這一點看來，台灣人說不定性急又易怒？令人有點擔心……
緊急煞車
轉頭
惶惶不安
台北在……這裡，
台南在……這裡。
將手掌比擬為台灣。
以非常柔和的語調，告訴我們台灣的事~?!
謝、謝謝謝

搞什麼，原來司機是非常溫和的人♪
變綠燈
猛然加速
引擎怒吼
猛踩油門
救人喔——
快到嚇歪
猛然加速
搞什麼東西？在台灣，如果不火箭起步，會被瑪利歐罵嗎？
咻——
另外，台灣的交通特色還有……
機車爆多
咻——
這是什麼情況？全部都是機車？！
機車大多是50cc～125cc的機車。比起50cc，100～125cc更加普及，大家雙載或裝載超多東西飆車。
喂～！！那是三貼……
不，四貼唷！！
咻——
其實似乎是不行，但是看到不少人三貼或沒戴安全帽……
也有不少人載狗。
看我的厲害，火速前進～
狗？！

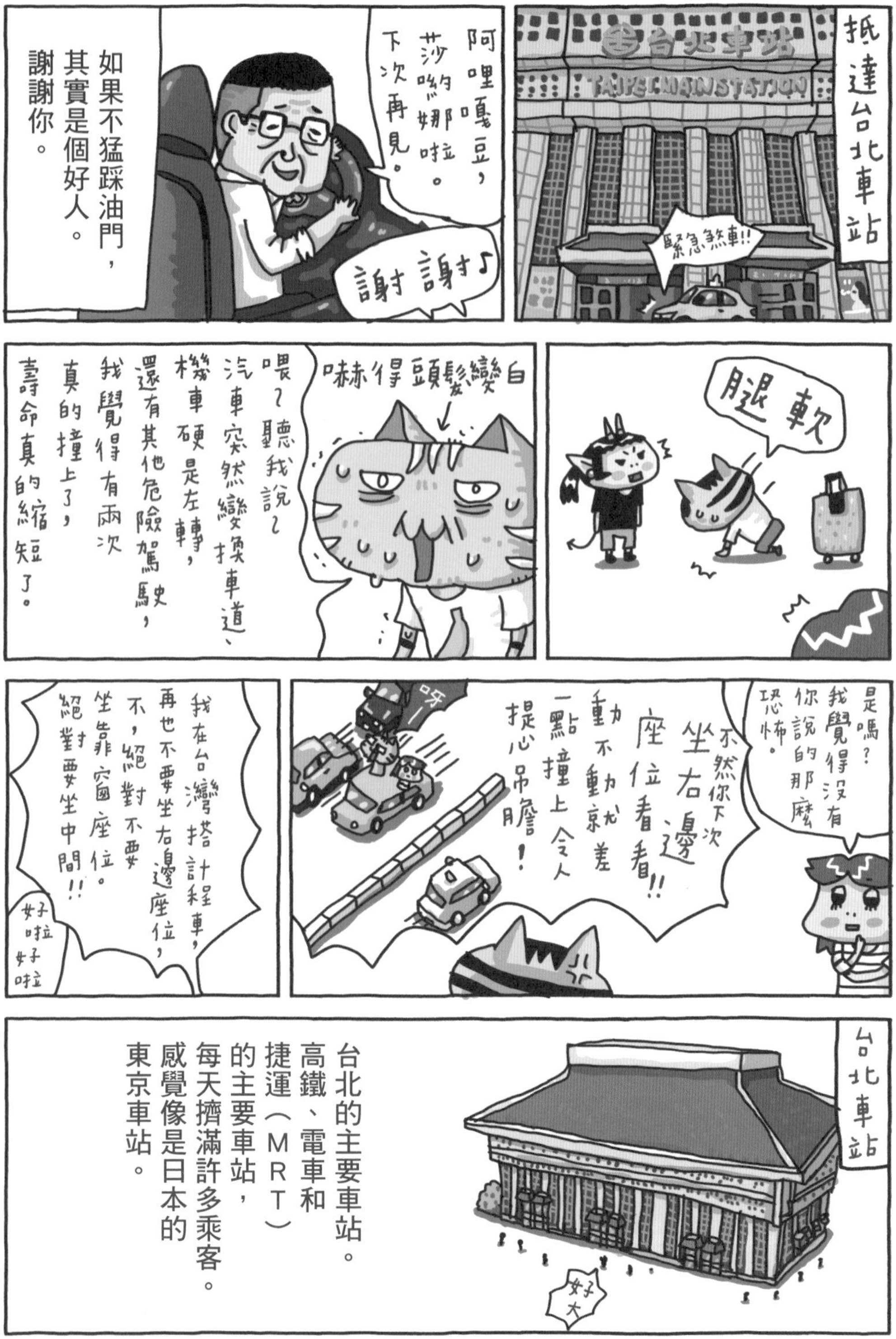

抵達台北車站
台北車站
TAIPEI MAIN STATION
緊急煞車!!
阿哩嘎豆，莎喲娜啦。下次再見。
謝謝♪
如果不猛踩油門，其實是個好人。謝謝你。
腿軟
嚇得頭髮變白
喂~聽我說~汽車突然變換車道、機車硬是左轉，還有其他危險駕駛，我覺得有兩次真的撞上了，壽命真的縮短了。
是嗎？我覺得沒有你說的那麼恐怖。
不然你下次坐右邊座位看看!!
動不動就差一點撞上令人提心吊膽!
呀—
我在台灣搭計程車，再也不要坐右邊座位，不，絕對不要坐靠窗座位。絕對要坐中間!!
好啦好啦
台北車站
台北的主要車站。高鐵、電車和捷運（MRT）的主要車站，每天擠滿許多乘客。感覺像是日本的東京車站。
好大

在這裡，搭乘日本所謂的新幹線，在台灣簡稱高鐵的台灣高速鐵路，一口氣前往這次的目的地「高雄」。
台北
現在在此
高雄
我住在山梨縣的時候，八王子*有一座高雄山……
是高尾山*吧？
趕緊進入車站～♪
咦？不同於從車站外看到的外觀，車站內微暗，天花板很低，骯髒樸素的氣氛像是老舊的地下鐵車站。
看起來不是那麼多人使用的主要車站……
臺鐵便當本舖
鐵夢工場
臺鐵便當
古早味便當店
真棒，很有味道♪
台鐵便當
這傢伙是什麼？很可愛。
可是這傢伙是組長*，好可怕……
Breeze
也有較新的店。
這一帶感覺很新。
老董
古早味便當
先去買車票吧。
那邊轉彎……
咦？

譯註：東京都八王子市民經常說自己住在「山梨縣八王子市」，自嘲靠近山梨縣，但其實八王子西鄰神奈川縣相模原市，和山梨縣並無接壤。
譯註：「高雄山」和「高尾山」的發音相同。

譯註：「組長」在日本是指黑幫老大。

好大!!
天花板好高!!
說它像是
老舊的地下鐵車站，
真是抱歉。這真驚人。
震懾人心。
看到很高的
天花板，
會令人不禁
一邊仰望，
一邊張大嘴吧
驚呼
「喔喔～」
哇喔
哇哦～

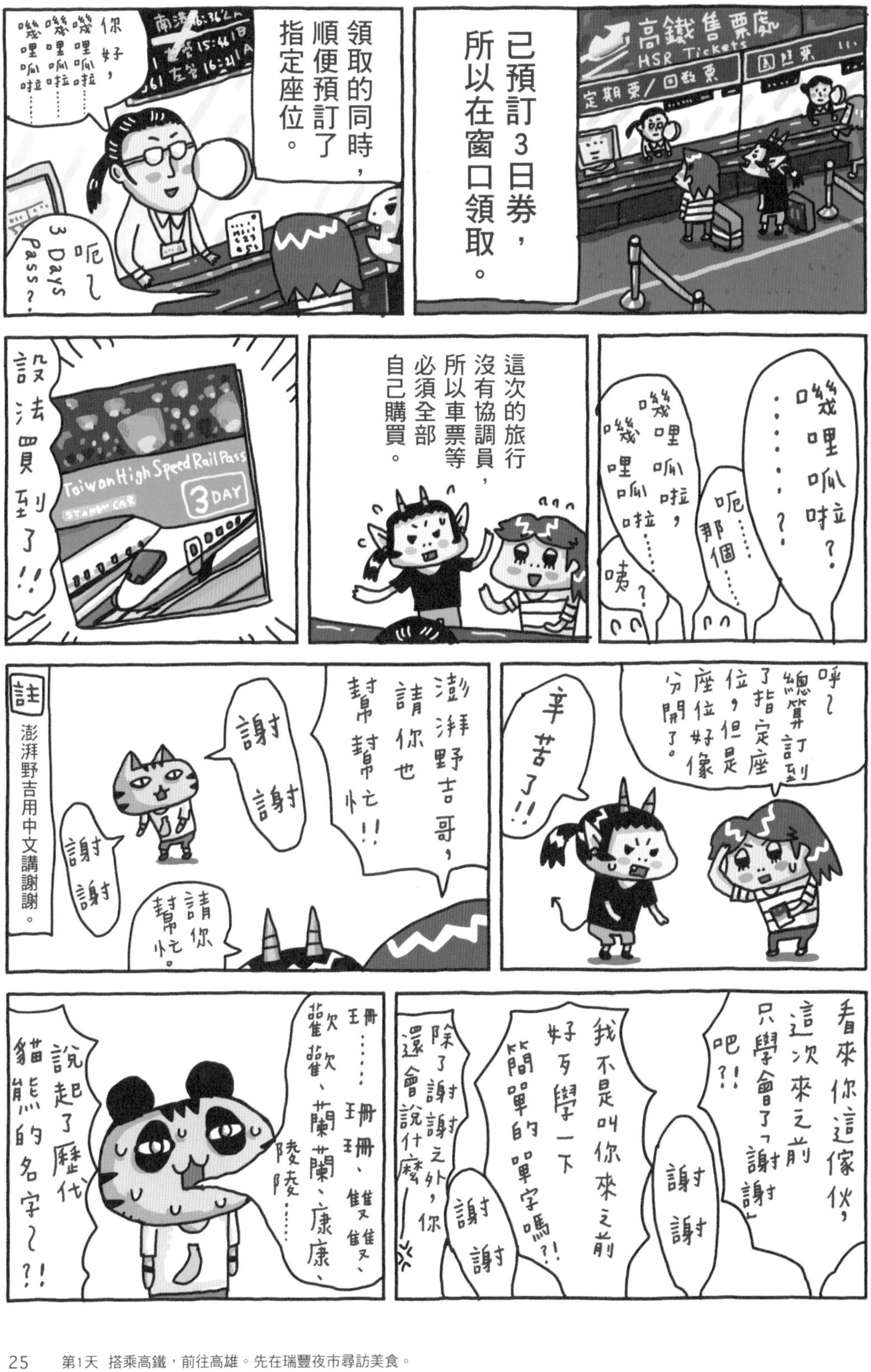

高鐵售票處
HSR Tickets
已預訂3日券，所以在窗口領取。
領取的同時，順便預訂了指定座位。
你好，嘰哩呱啦，嘰哩呱啦，嘰哩呱啦……
呃～3 Days Pass？
嘰哩呱啦……？
嘰哩呱啦，嘰哩呱啦……
呃……那個……
咦？
這次的旅行沒有協調員，所以車票等必須全部自己購買。
Taiwan High Speed Rail Pass
3DAY
設法買到了!!
呼～總算訂到了指定座位，但是座位好像分開了。
辛苦了!!
澎湃野吉哥，請你也幫幫忙!!
謝謝謝謝
謝謝謝謝
請你幫忙。
註
澎湃野吉用中文講謝謝。
看來你這傢伙，這次來之前只學會了「謝謝」吧?!
謝謝謝謝
我不是叫你來之前好歹學一下簡單的單字嗎?!
除了謝謝之外，你還會說什麼——
謝謝謝謝
珊……珊珊、雙雙、歡歡、蘭蘭、康康、陵陵……
說起了歷代貓熊的名字～?!

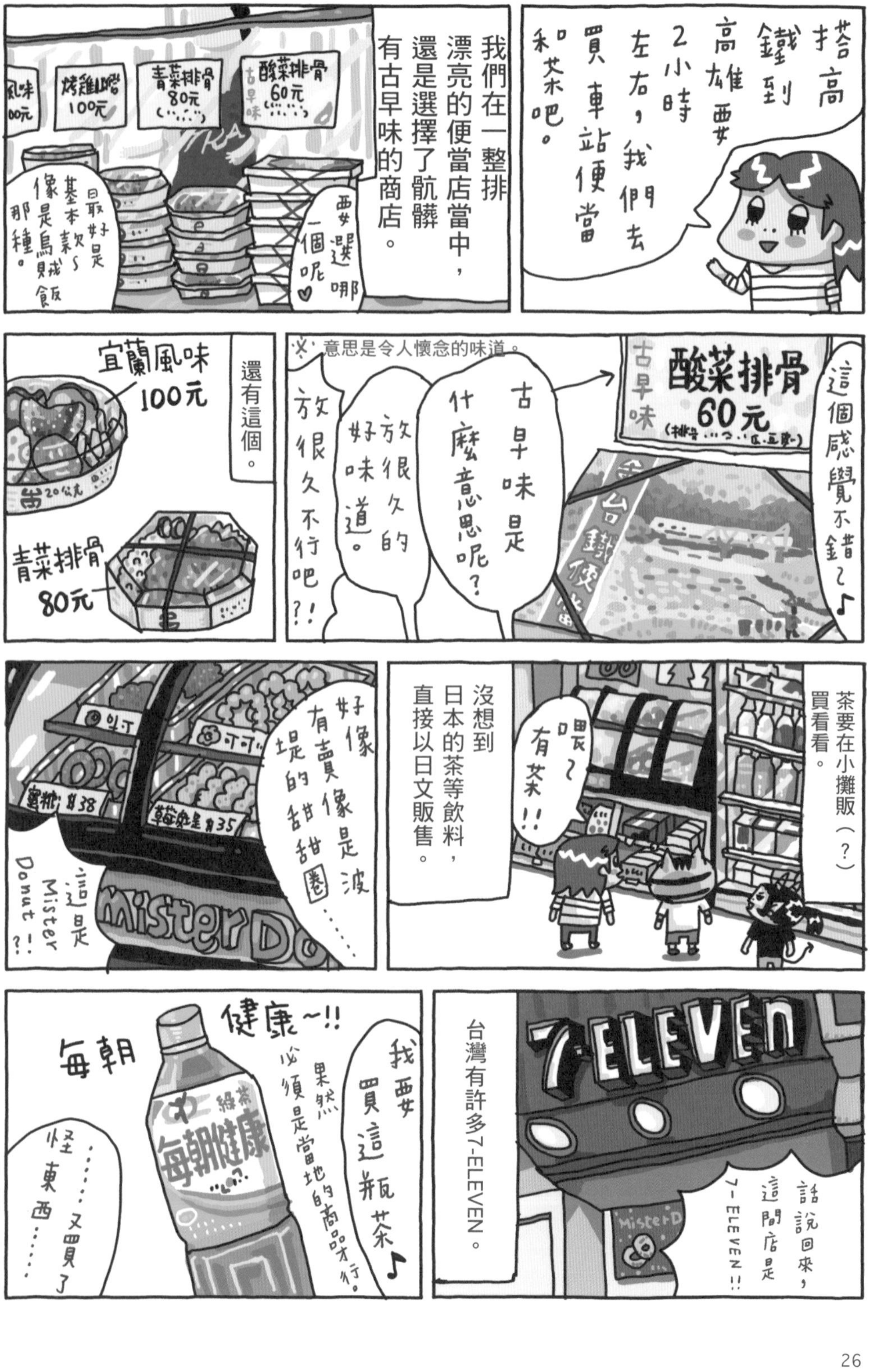
搭高鐵到高雄要2小時左右，我們去買車站便當和菜吧。
我們在一整排漂亮的便當店當中，還是選擇了骯髒有古早味的商店。
要選哪一個呢♥
最好是基本款～像是烏賊飯那種。
酸菜排骨 60元
古早味
青菜排骨 80元
烤雞腿 100元
這個感覺不錯～♪
古早味
酸菜排骨
60元
古早味是什麼意思呢？
放很久的好味道。
放很久不行吧？！
※意思是令人懷念的味道。
還有這個。
宜蘭風味
100元
青菜排骨
80元
茶要在小攤販（？）買看看。
喂～有茶!!
沒想到日本的茶等飲料，直接以日文販售。
好像有賣像是波堤的甜甜圈……
這是Mister Donut?!
MisterDo
話說回來，這間店是7-ELEVEN!!
台灣有許多7-ELEVEN。
7-ELEVEn
我要買這瓶茶♪
果然必須是當地的商品才行。
健康～!!
每朝
綠茶
每朝健康
……又買了怪東西……

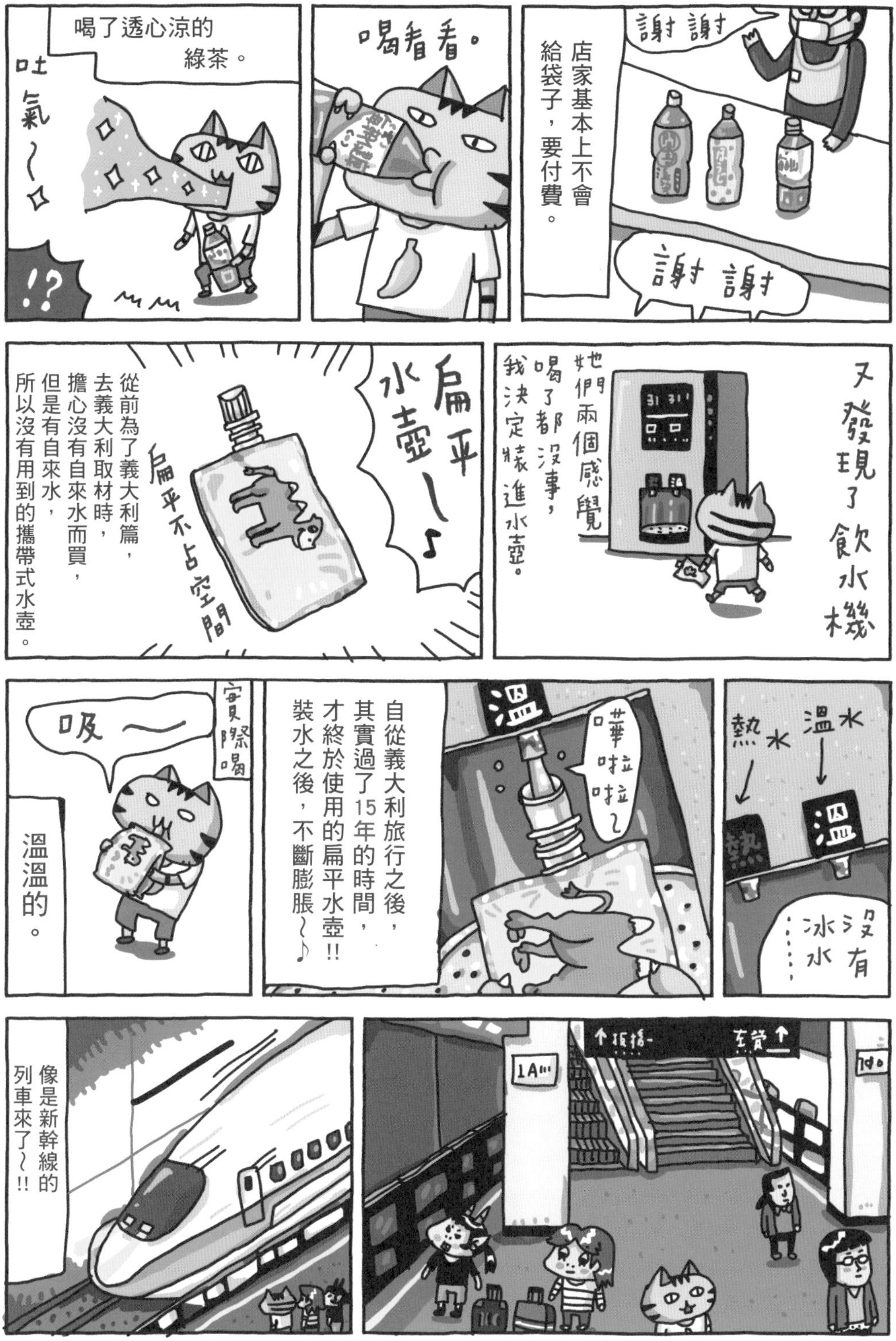
喝看看。
喝了透心涼的
綠茶。
吐氣～～
!?
謝謝
店家基本上不會給袋子，要付費。
謝謝
又發現了飲水機
她們兩個感覺喝了都沒事，我決定裝進水壺。
扁平水壺～♪
扁平不占空間
從前為了義大利篇，去義大利取材時，擔心沒有自來水而買，但是有自來水，所以沒有用到的攜帶式水壺。
熱水
溫水
溫
熱
沒有冰水
嘩啦啦～
溫
自從義大利旅行之後，其實過了15年的時間，才終於使用的扁平水壺!!裝水之後，不斷膨脹～♪
實際喝
吸——
溫溫的。
像是新幹線的列車來了～!!
1A

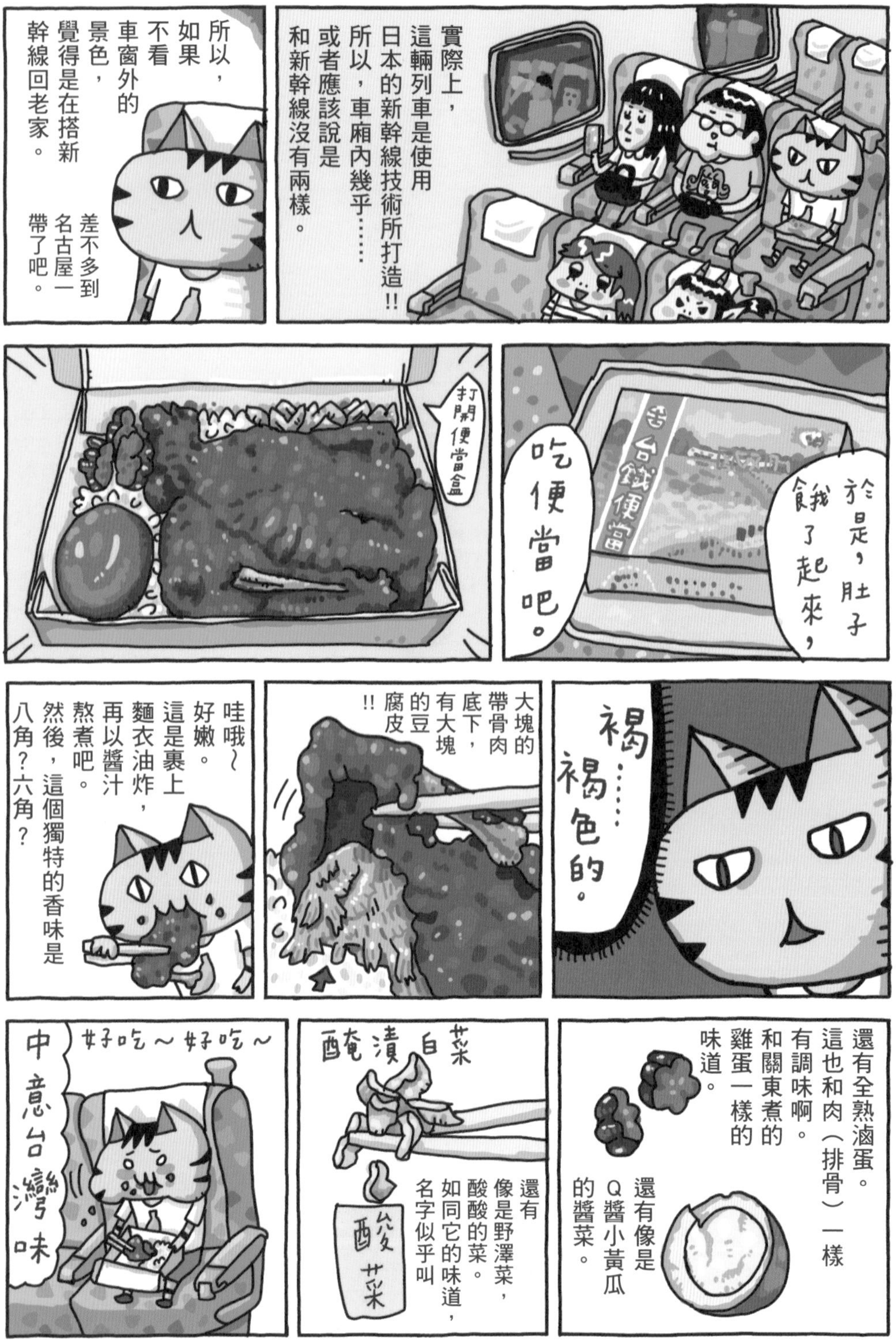

實際上，這輛列車是使用日本的新幹線技術所打造!!所以，車廂內幾乎……或者應該說是和新幹線沒有兩樣。
所以，如果不看車窗外的景色，覺得是在搭新幹線回老家。
差不多到名古屋一帶了吧。
於是，肚子餓了起來，
吃便當吧。
台鐵便當
打開便當盒
褐……褐色的。
大塊的帶骨肉底下，有大塊的豆腐皮!!
哇哦~好嫩。這是裹上麵衣油炸，再以醬汁熬煮吧。然後，這個獨特的香味是八角？六角？
還有全熟滷蛋。這也和肉（排骨）一樣有調味啊。和關東煮的雞蛋一樣的味道。
還有像是Q醬小黃瓜的醬菜。
醃漬白菜
還有像是野澤菜，酸酸的菜。如同它的味道，名字似乎叫
酸菜
好吃～好吃～
中意台灣味

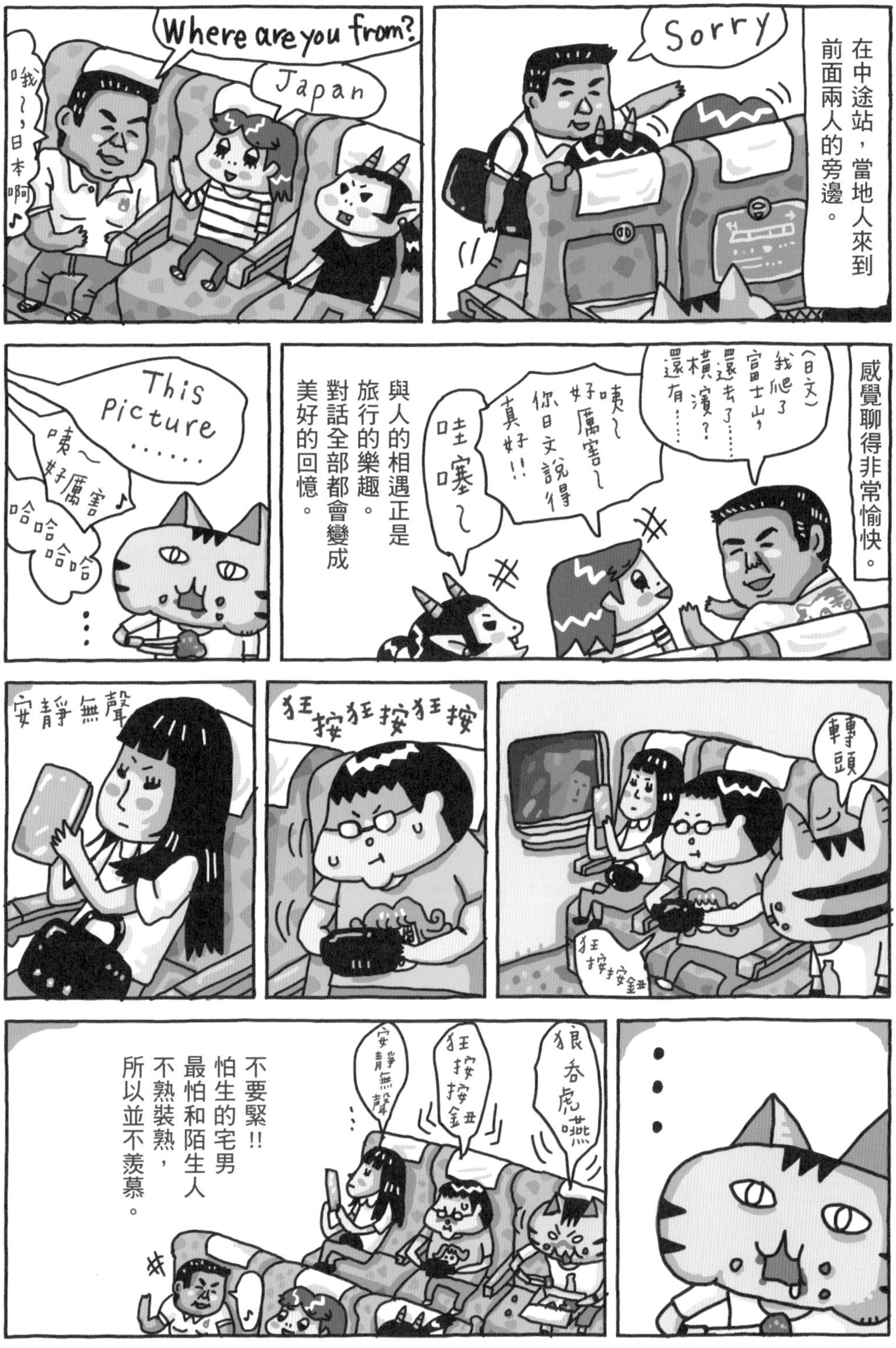
在中途站，當地人來到前面兩人的旁邊。
Sorry
Where are you from?
Japan
哦～，日本啊♪
感覺聊得非常愉快。
(日文)我爬了富士山，還去了……橫濱？還有……
咦～好厲害～你日文說得真好!!
哇塞～
與人的相遇正是旅行的樂趣。對話全部都會變成美好的回憶。
This picture……
咦～好厲害♪
哈哈哈哈
…
安靜無聲
狂按狂按狂按
轉頭
狂按按鈕
不要緊!!怕生的宅男最怕和陌生人不熟裝熟，所以並不羨慕。
安靜無聲
狂按按鈕
狼吞虎嚥
…

左營站
高鐵左營站
HSR Zuoying Station
最靠近高雄的高速鐵路終點站。
18:20
這位是在車廂內變成好朋友的徐先生。
(日文)你好，我是徐先生。
謝謝
從這裡前往這次的目的地「高雄」，還要稍微南下。時間已晚，所以搭計程車前往飯店。
台南
左營
(現在在此)
高雄
於是，徐先生說要帶我們去計程車乘車處。
這邊♪
徐先生很親切，和退燒止痛藥「BUFFERIN」一樣溫和。
1月台
(日文)這是我去爬富士山時的照片。
謝謝
不過，他在走路時，一直對我說話……他以非常簡單的英文對我說，所以我知道他想說什麼，但是無奈我只準備了一個詞……
老實說，請你別再對我說話了。那已經超出能夠以謝謝回應的層級。
呃……沒想到第一天會說這麼多次謝謝……
謝謝……謝謝……謝……
看來他在替我們告訴司機目的地。
Taxi Pickup area
計程車乘車區
OK
請上車
咔嚓

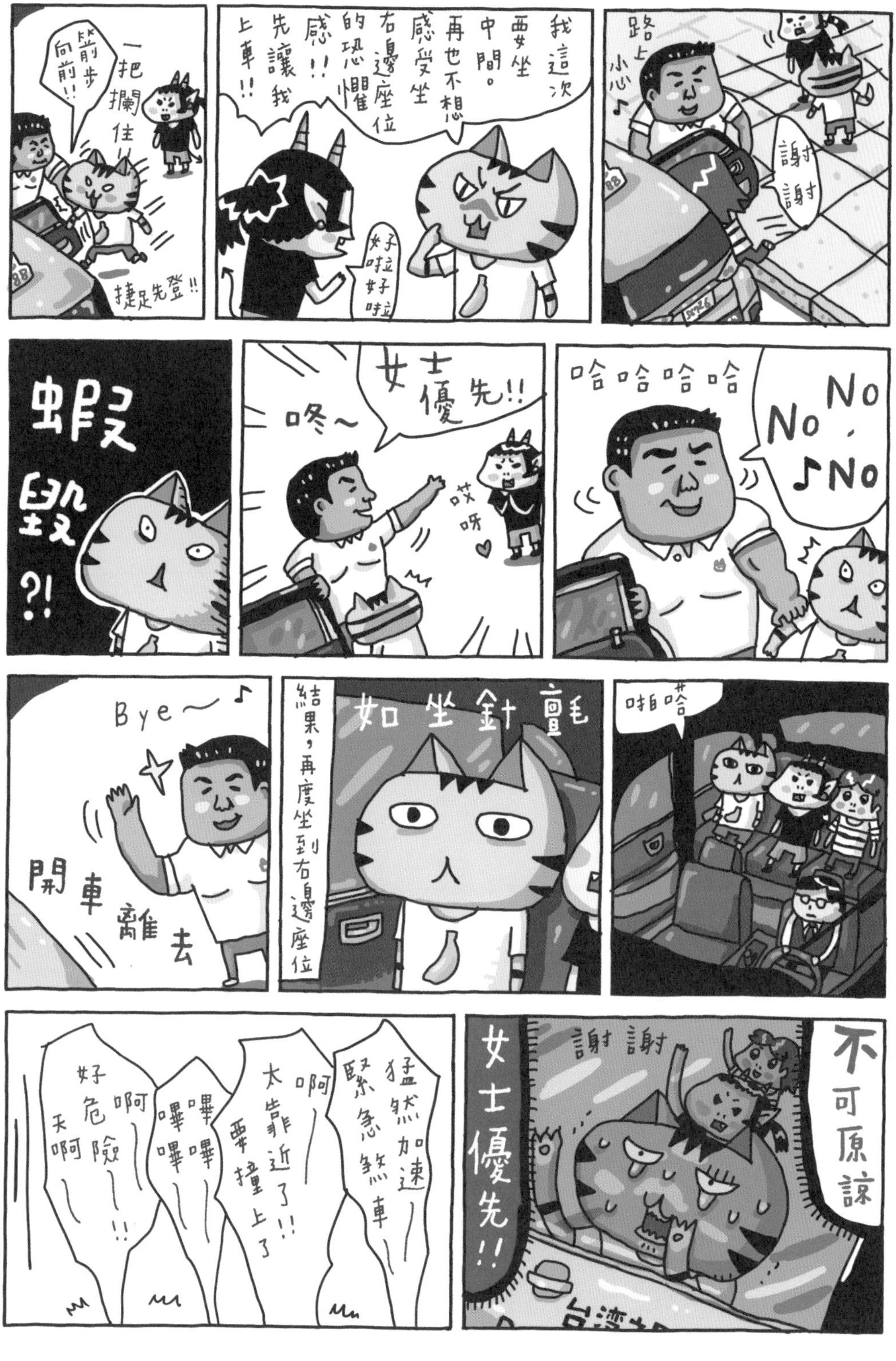
一把攔住
箭步向前!!
捷足先登!!
我這次要坐中間。再也不想感受坐右邊座位的恐懼感!!
先讓我上車!!
好啦好啦
路上小心♪
謝謝謝謝
蝦毀?!
咚~
女士優先!!
哎呀
哈哈哈哈
No No No
Bye~♪
開車離去
結果，再度坐到右邊座位
如坐針氈
啪嗒
好危險啊天啊
嗶嗶嗶嗶
啊太靠近了!!要撞上了
猛然加速緊急煞車
女士優先!!
謝謝
不可原諒

抵達台灣之後的感想 ~~100選~~

- 好熱!!(明明是11月) 
- 好多日本車。 
- 相當都會。 
- 意外地沒有一堆香蕉。 

- 發現了新種的台灣白紋銅花金龜(騙你的)。
- COROLLA的煞車性能令人讚嘆。

- 機車的種種現象令人吃驚。
(無論是數量或搭乘的人數)

- 有許多奇怪的人物角色。
台灣人似乎喜歡可愛的東西。

- 光靠「謝謝」行不通。

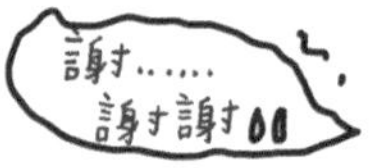

- 女士優先，不可原諒。

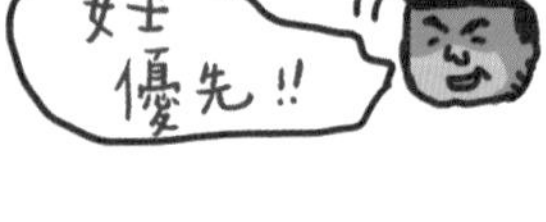

台灣篇 感到困擾的地方 四格漫畫

看不懂①

看不懂②

高雄漢王洲際飯店
那麼，晚安，辛苦了～明天幾點？
我們現在要去夜市唷。
妳說什麼?!
還早!!行程還沒結束唷。
來到台灣，怎麼可能晚上早早就睡覺。說到台灣的夜晚，沒錯，就是夜市。攤販林立，便宜又好吃的當地美食提神醒腦。台灣的夜晚現在才開始。
ELEVEN
啊，發現7-ELEVEN。我想買一點東西，可以去一下嗎？
好的～
有沒有什麼奇怪的東西呢？
茶葉蛋
在台灣的便利商店，幾乎都有的調味蛋。
咦～這是什麼？水煮蛋？
乾脆是條
這個令人好奇
20
乍看之下，感覺和日本的便利商店一樣，但是商品微妙地不同。
其中，也有整個包裝和日本一樣的商品。
午後の紅茶
あたたかいレモンティー
KIRIN PET345 45元
日文!!
午後溫暖的紅茶，午後時光!!
妳們看，以日文寫著「溫暖的午後時光」……
好冰?!
話雖如此，並非忠實地按照日文包裝販售。

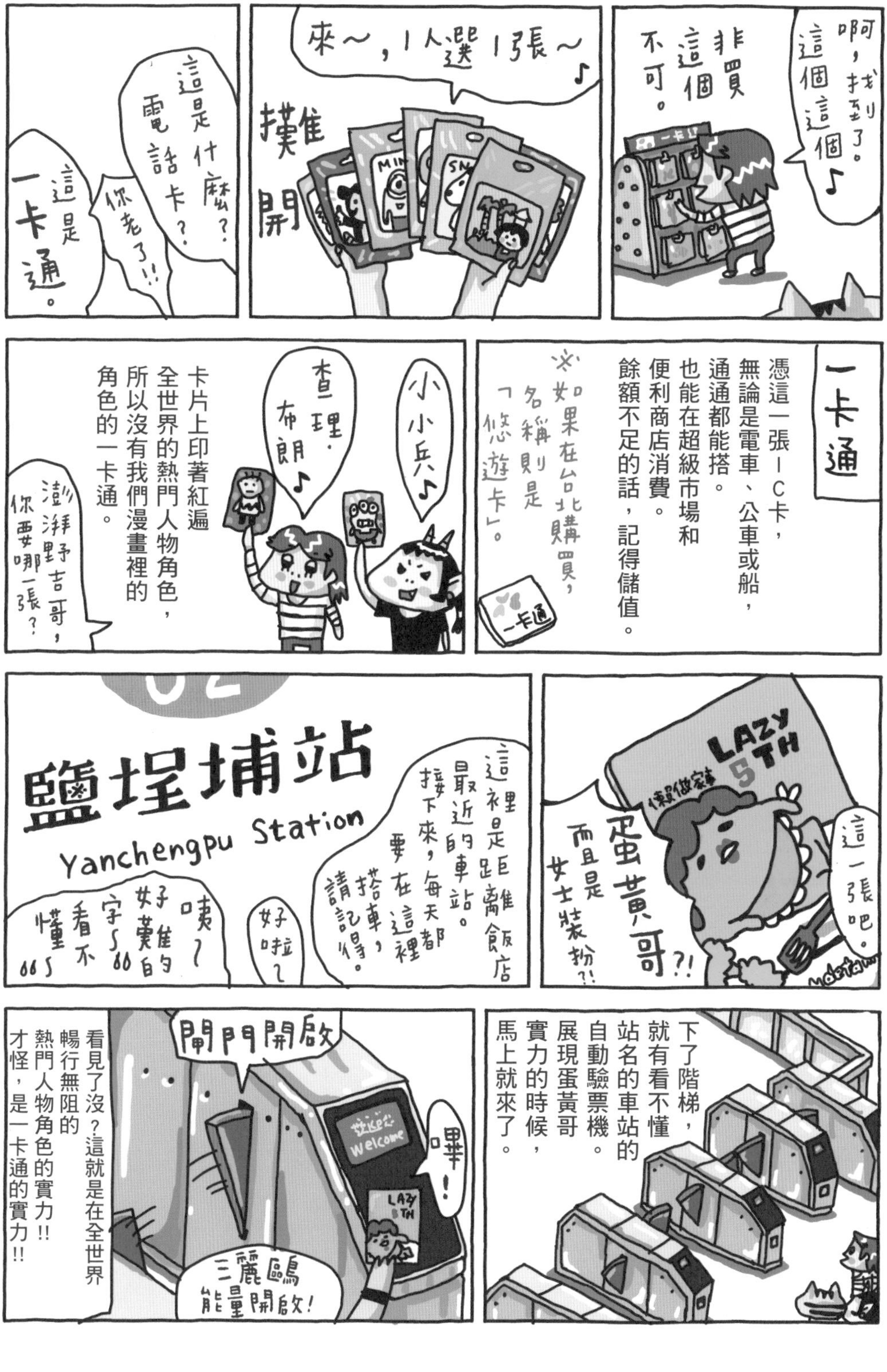
啊，找到了。這個這個♪
這個非買不可。
來～，1人選1張～♪
攤開
這是什麼？電話卡？
你老了!!
這是一卡通。
一卡通
憑這一張IC卡，無論是電車、公車或船，通通都能搭。也能在超級市場和便利商店消費。餘額不足的話，記得儲值。
※如果在台北購買，名稱則是「悠遊卡」。
一卡通
小小兵♪
查理．布朗♪
卡片上印著紅遍全世界的熱門人物角色，所以沒有我們漫畫裡的角色的一卡通。
澎湃野吉哥，你要哪一張？
LAZY 5TH
這一張吧。
蛋黃哥?!
而且是女士裝扮?!
鹽埕埔站
Yanchengpu Station
這裡是距離飯店最近的車站。接下來，每天都要在這裡搭車，請記得。
好啦～
咦～好難懂的字～看不懂～
下了階梯，就有看不懂站名的車站的自動驗票機。展現蛋黃哥實力的時候，馬上就來了。
閘門開啟
Welcome
嗶！
三麗鷗能量開啟！
看見了沒？這就是在全世界暢行無阻的熱門人物角色的實力!!才怪，是一卡通的實力!!

捷運月台的感覺和日本類似。
軌道完全被隔開，以玻璃的自動門，保護乘客安全。
雖然安全，但是電車看不清楚，對於鐵路攝影迷而言，是令人遺憾的構造。
Yancheng
呼～，口渴了……
不准喝——!!
呃啊！
空中旋轉貓來神掌
在台灣的捷運月台喝水的話，會在電視上被實名報導唷～
並不會。錢包被人撿到，或者別人告訴你路怎麼走的情況下，才會被報導。在月台喝水或嚼口香糖會被罰款。
在電視上被報導……
為您播報新聞。
發生了一起凶惡案件。
今天在鹽埕埔捷運月台，有一名疑似日本人的女性，因喝水的嫌疑，遭到逮捕。
LIVE 氣勢登場
我們收到了犯人的影像。
就是她！
KANEKO

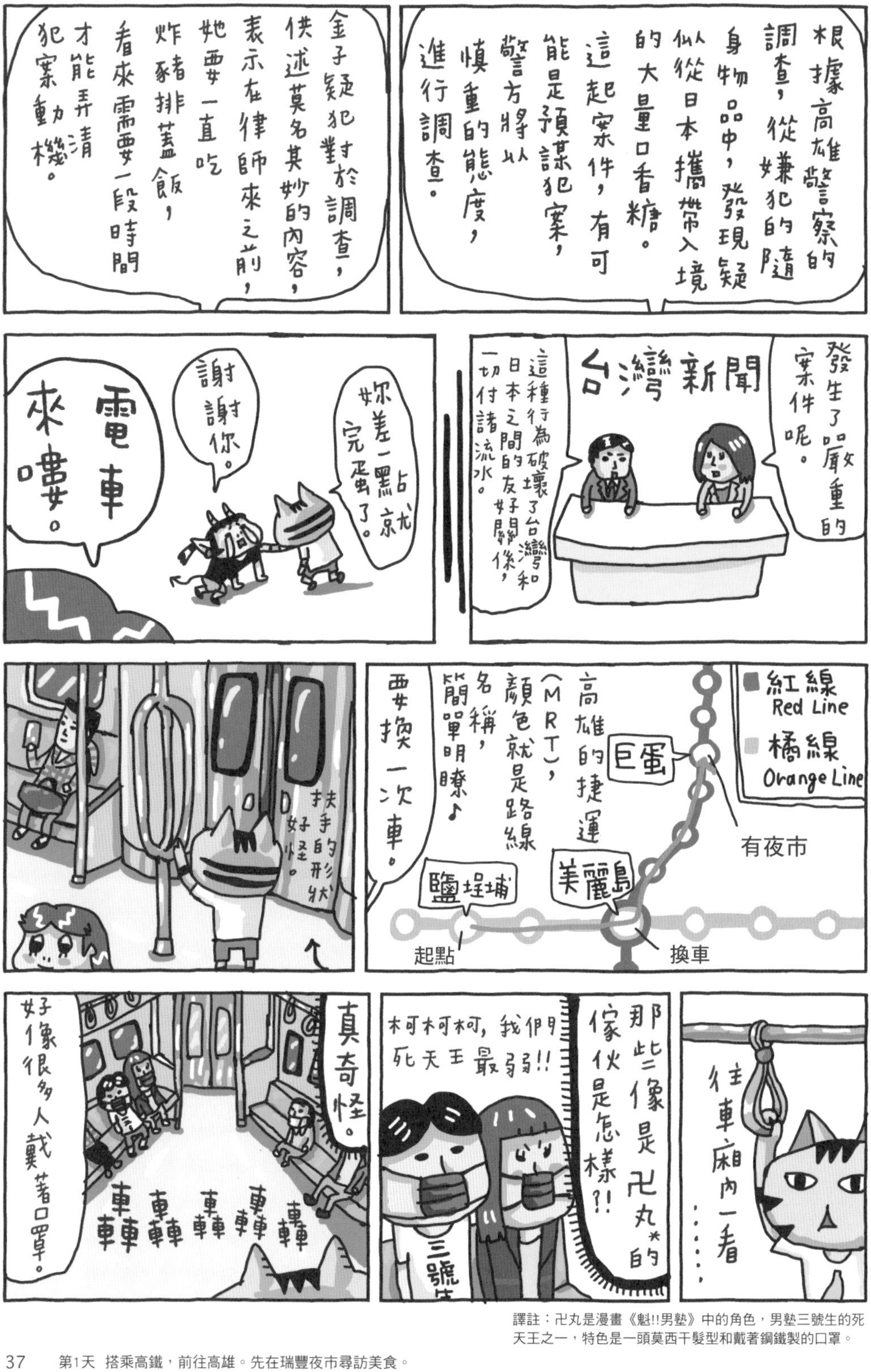
根據高雄警察的調查，從嫌犯的隨身物品中，發現疑似從日本攜帶入境的大量口香糖。這起案件，有可能是預謀犯案，警方將以慎重的態度，進行調查。
金子疑犯對於調查，供述莫名其妙的內容，表示在律師來之前，她要一直吃炸豬排蓋飯，看來需要一段時間才能弄清犯案動機。
發生了嚴重的案件呢。
台灣新聞
這種行為破壞了台灣和日本之間的友好關係，一切付諸流水。
妳差一點就完蛋了。
謝謝你。
電車來嘍。
紅線 Red Line
橘線 Orange Line
巨蛋
有夜市
美麗島
鹽埕埔
起點
換車
高雄的捷運（MRT），顏色就是路線名稱，簡單明瞭♪
要換一次車。
扶手的形狀好怪。
往車廂內一看……
那些像是卍丸*的傢伙是怎樣?!
柯柯柯，我們死天王最弱!!
真奇怪。
好像很多人戴著口罩。
轟轟轟轟轟

譯註：卍丸是漫畫《魁!!男塾》中的角色，男塾三號生的死天王之一，特色是一頭莫西干髮型和戴著鋼鐵製的口罩。

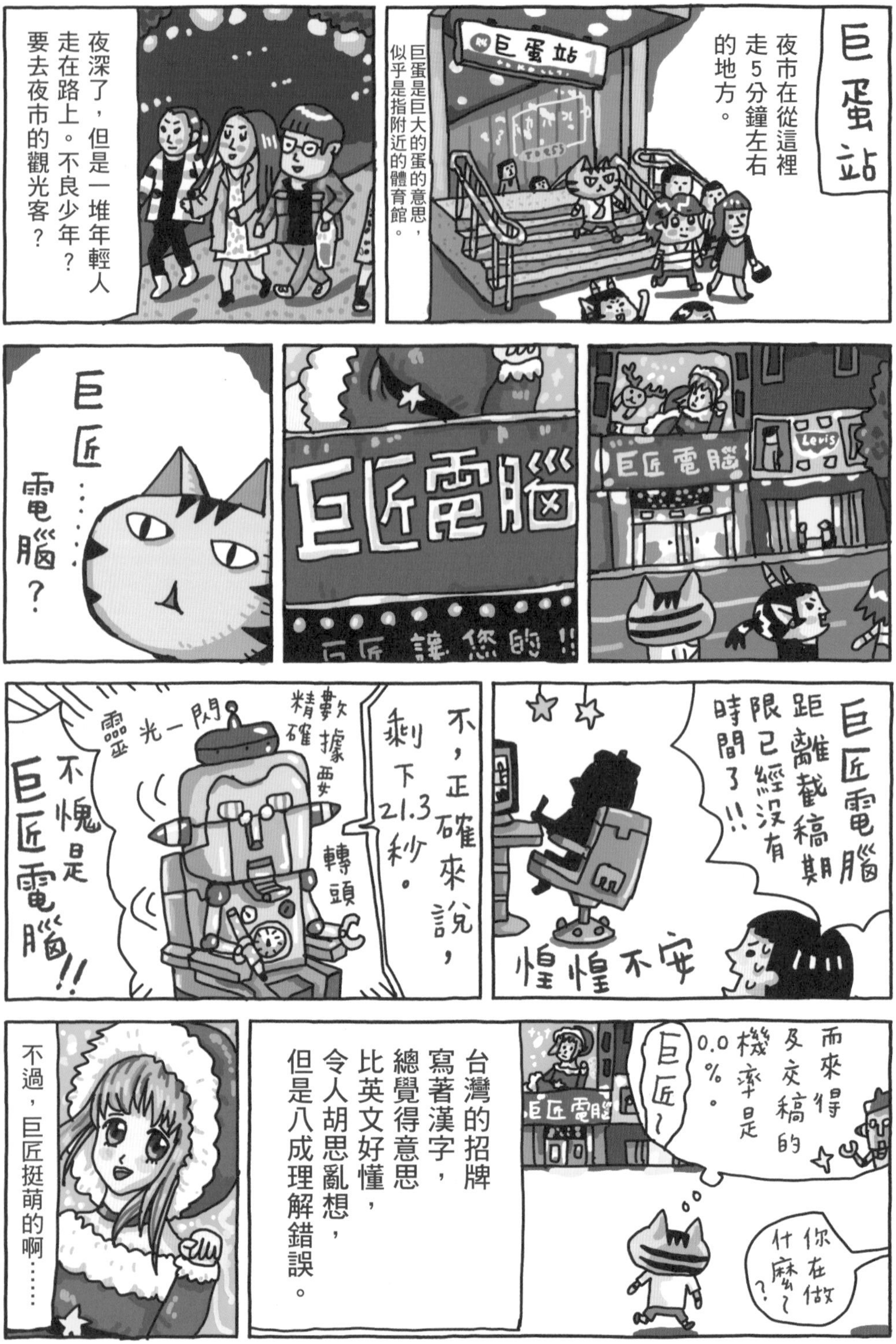
巨蛋站
夜市在從這裡走5分鐘左右的地方。
巨蛋站
巨蛋是巨大的蛋的意思，似乎是指附近的體育館。
夜深了，但是一堆年輕人走在路上。不良少年？要去夜市的觀光客？
巨匠電腦
Levi's
巨匠電腦
巨匠讓您的!!
巨匠……電腦？
巨匠電腦距離截稿期限已經沒有時間了!!
惶惶不安
不，正確來說，
剩下21.3秒。
轉頭
數據要精確
靈光一閃
不愧是巨匠電腦!!
而來得及交稿的機率是0.0%。
巨匠～
巨匠電腦
你在做什麼？
台灣的招牌寫著漢字，總覺得意思比英文好懂，令人胡思亂想，但是八成理解錯誤。
不過，巨匠挺萌的啊……

瑞豐夜市
港都瑞豐夜市
到處都有夜市，但是這裡的當地色彩濃厚，所以備受推薦。
哇哦，好熱鬧～
好多人啊!!
像是日本的廟會一樣。
這個每天都有嗎？
人山人海
人聲鼎沸
這裡除了週一、週三之外，好像每天都有。
大眾
蚵仔煎70
蝦仁煎70
綜合煎70
炒米粉 40
也就是說，幾乎每天都是辦廟會的心情啊……
台灣真歡樂。
原味 麻辣 咖哩
每串20元
不知道是什麼東西，但是光看也很有趣。
嗞～
章魚燒嗎?!
這是內餡
蝦子
蘑菇
南瓜？
花椰菜
章魚
番茄
全部放進去嗎?!
雖然裡面包了許多章魚，
但這是……章魚燒嗎？
老闆裝在紙杯，
遞給了我。
老牌
木瓜牛乳
木瓜牛奶
西瓜牛奶
芒果冰沙
草莓牛奶
芋頭牛奶
小、小黃瓜，
小黃瓜牛奶……
小……小……
小黃瓜牛奶?!
並不是
木瓜在日本是指Papaya*。
我沒有吃過木瓜，
也沒有喝過木瓜汁。
我雖然不是爸爸，
但是總覺得被拒絕了……

譯註：「木瓜」（Papaya），在日文和「討厭爸爸」的發音相似。

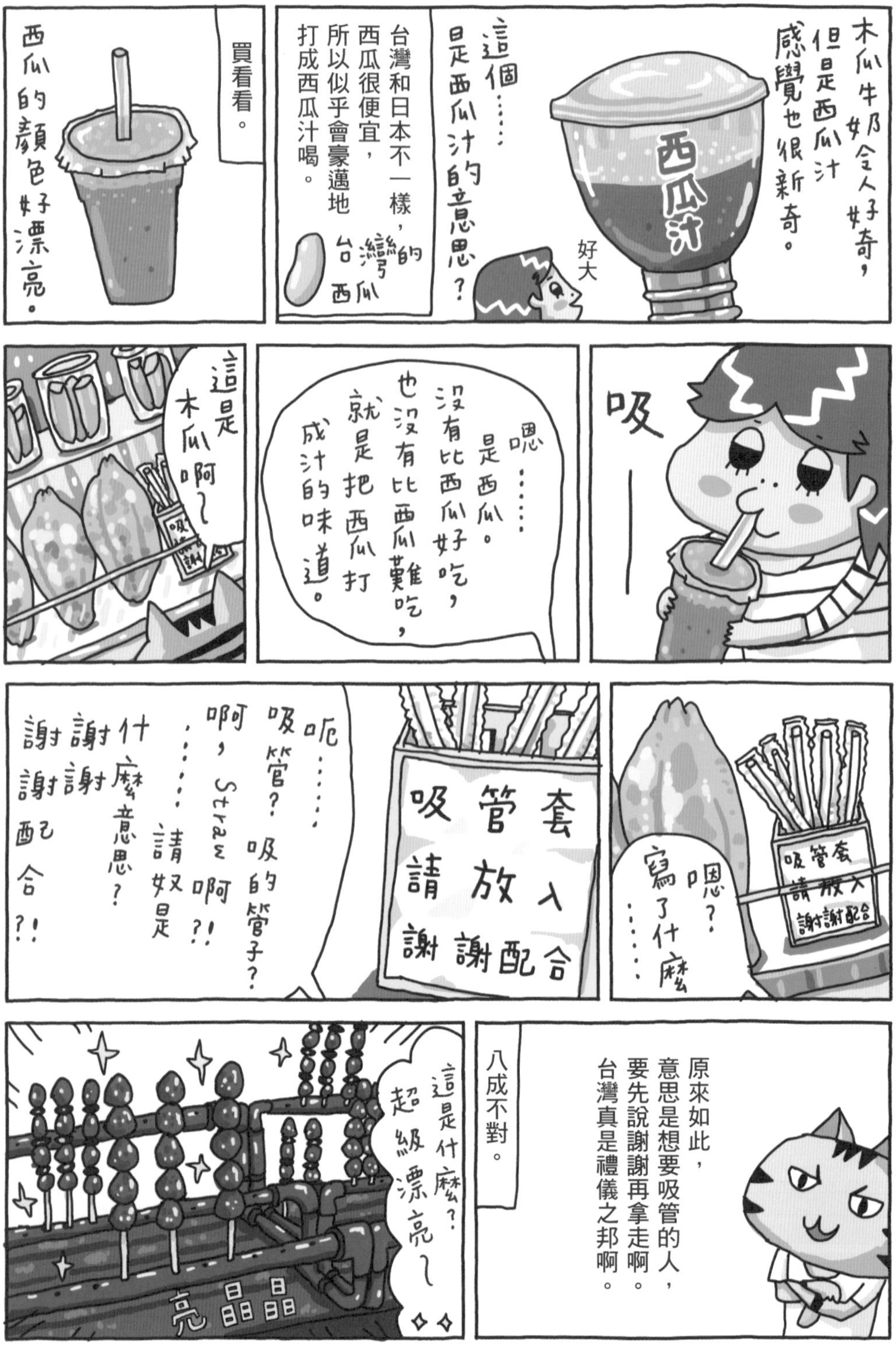
木瓜牛奶令人好奇，
但是西瓜汁
感覺也很新奇。
西瓜汁
好大
這個……
是西瓜汁的意思？
台灣和日本不一樣，西瓜很便宜，所以似乎會豪邁地打成西瓜汁喝。
台灣的西瓜
買看看。
西瓜的顏色好漂亮。
吸——
嗯……
是西瓜。
沒有比西瓜好吃，
也沒有比西瓜難吃，
就是把西瓜打成汁的味道。
這是木瓜啊～
嗯？
寫了什麼……
吸管套請放入謝謝配合
吸管套 請放入 謝謝配合
呃……
吸管？吸的管子？
啊，Straw啊？！
……請奴是
什麼意思？
謝謝謝謝配合？！
原來如此，意思是想要吸管的人，要先說謝謝再拿走啊。台灣真是禮儀之邦啊。
八成不對。
這是什麼？
超級漂亮～
亮晶晶

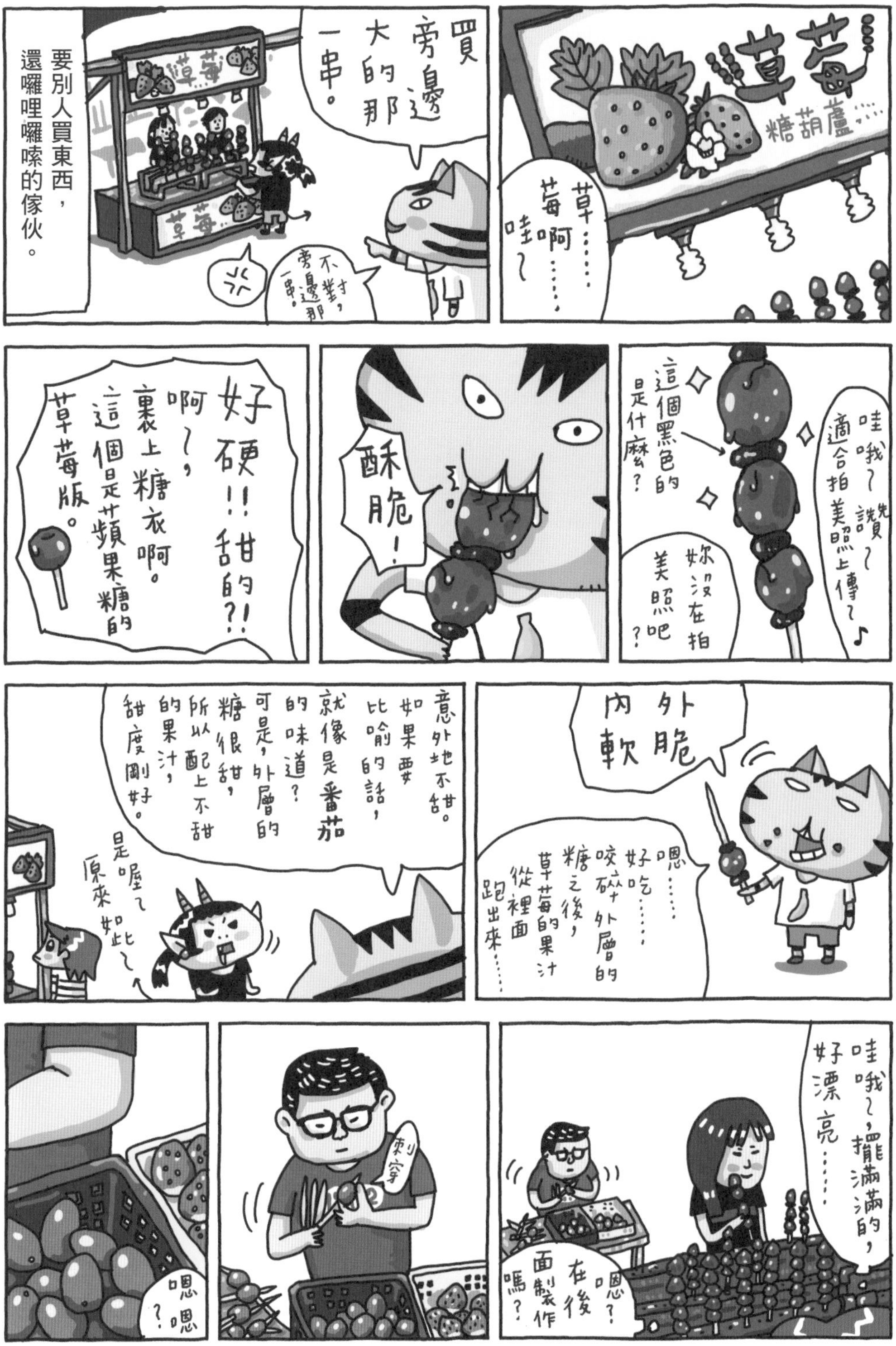
草莓
糖葫蘆……
草莓啊……
哇～
買旁邊大的那一串。
不對，旁邊那一串。
要別人買東西，還囉哩囉嗦的傢伙。
哇哦～適合拍美照上傳～♪
這個黑色的是什麼？
妳沒在拍美照吧？
酥脆！
好硬!! 甜的?!
啊～，裹上糖衣啊。這個是蘋果糖的草莓版。
外脆內軟
嗯……好吃……咬碎外層的糖之後，草莓的果汁從裡面跑出來……
意外地不甜。如果要比喻的話，就像是番茄的味道？可是，外層的糖很甜，所以配上不甜的果汁，甜度剛好。
是喔～原來如此～
哇哦～，擺滿滿的，好漂亮……
嗯？在後面製作嗎？
刺穿
嗯？嗯嗯

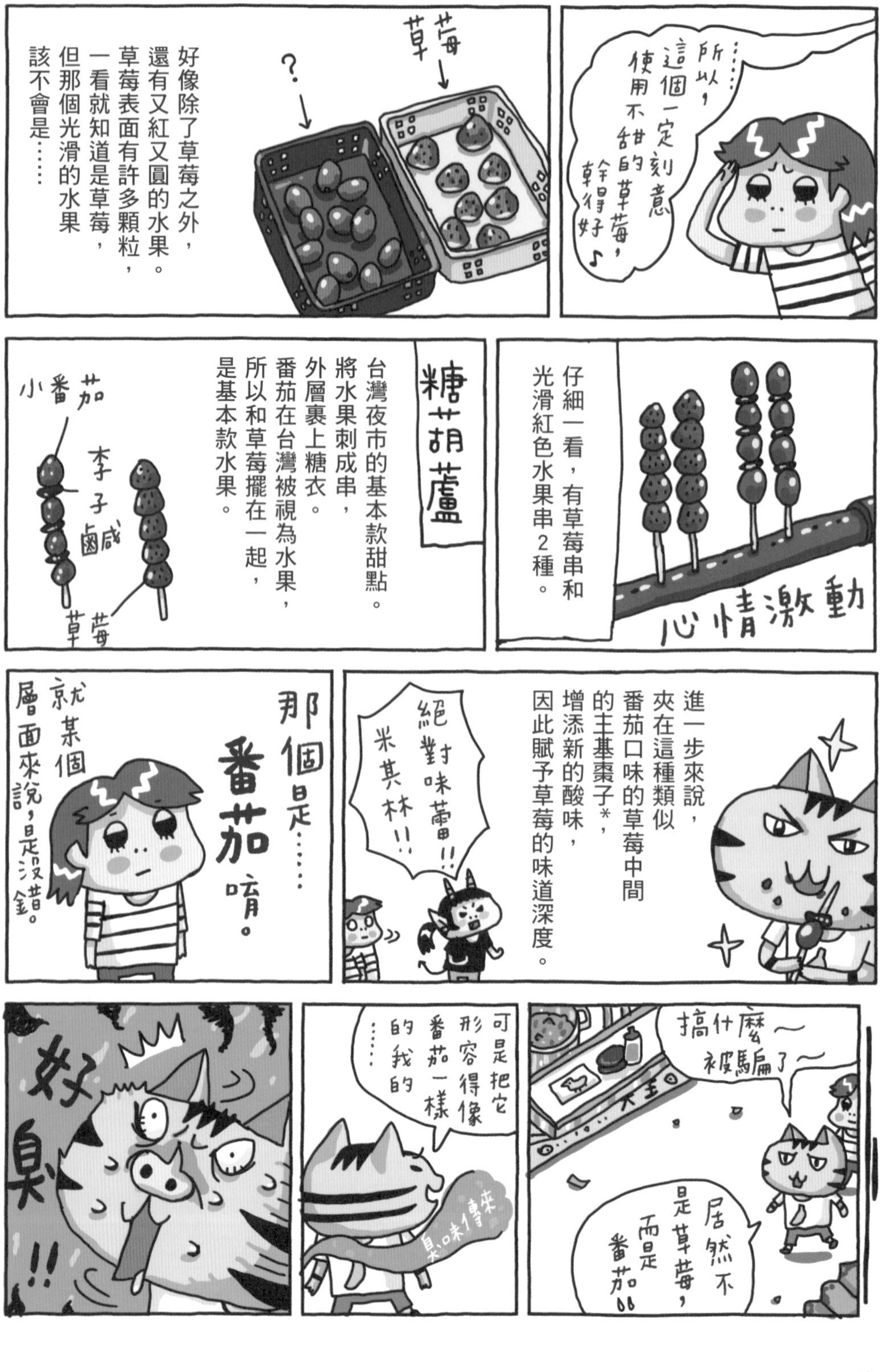
……所以，這個一定刻意使用不甜的草莓，幹得好♪
草莓
?
好像除了草莓之外，還有又紅又圓的水果。草莓表面有許多顆粒，一看就知道是草莓，但那個光滑的水果該不會是……
仔細一看，有草莓串和光滑紅色水果串2種。
心情激動
糖葫蘆
台灣夜市的基本款甜點。將水果刺成串，外層裹上糖衣。番茄在台灣被視為水果，所以和草莓擺在一起，是基本款水果。
小番茄
李子鹹
草莓
進一步來說，夾在這種類似番茄口味的草莓中間的主基棗子*，增添新的酸味，因此賦予草莓的味道深度。
絕對味蕾!!
米其林!!
那個是……番茄唷。
就某個層面來說，是沒錯。
搞什麼～被騙了～
居然不是草莓，而是番茄
可是把它形容得像番茄一樣的我的……
臭味傳來
好臭!!

譯註：三基棗精是日本三基商事企業的代表作。

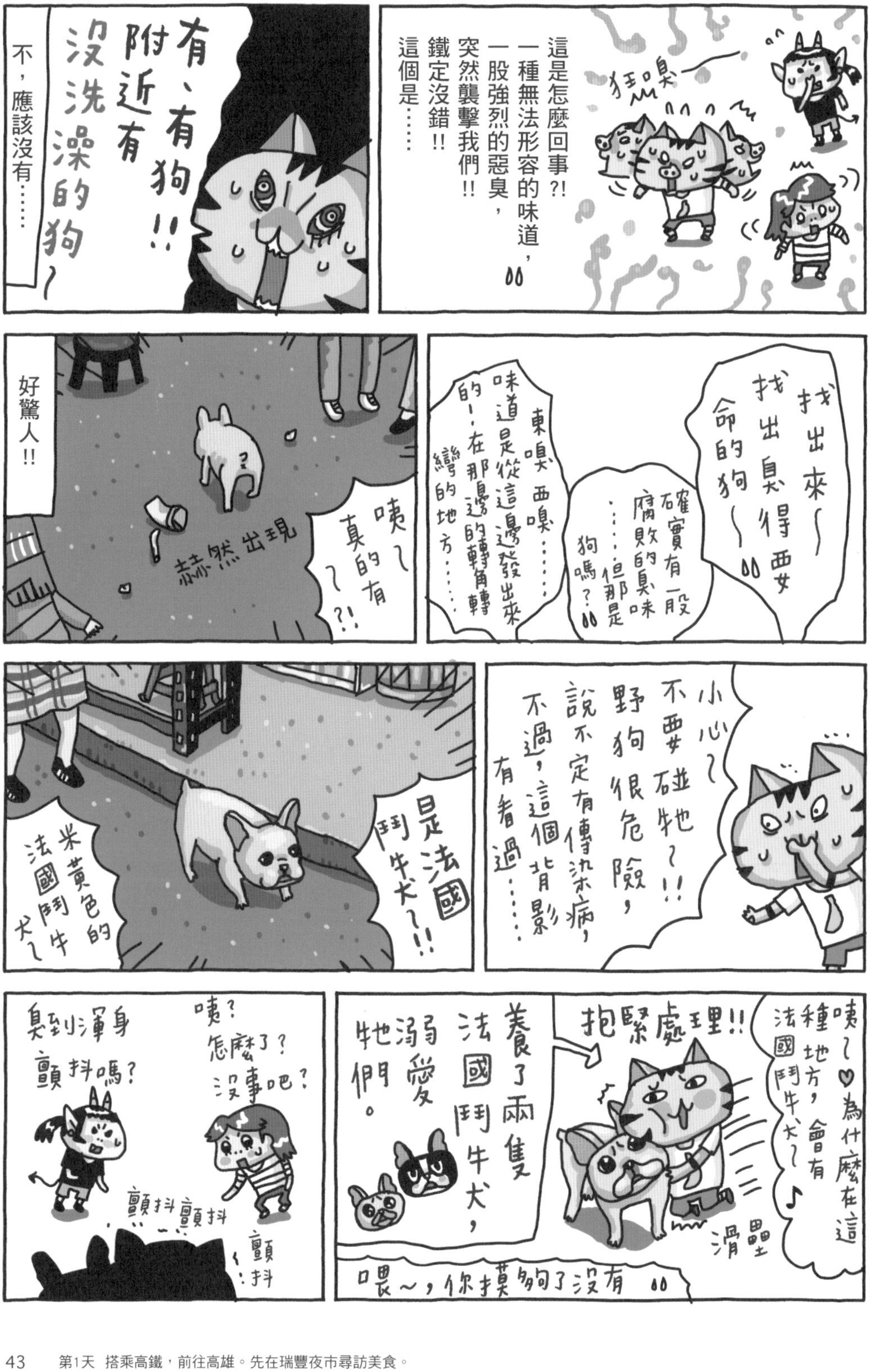
狗臭~
這是怎麼回事?!
一種無法形容的味道，
一股強烈的惡臭，
突然襲擊我們!!
鐵定沒錯!!
這個是……
有、有狗!!
附近有
沒洗澡的狗~
不，應該沒有……
找出來~
找出臭得要命的狗~
確實有一股腐敗的臭味……但那是狗嗎?
東嗅、西嗅……
味道是從這邊發出來的!在那邊的轉角轉彎的地方……
咦~真的有~?!
赫然出現
好驚人!!
小心~
不要碰牠~!!
野狗很危險，
說不定有傳染病，
不過，這個背影有看過……
是法國鬥牛犬~!!
米黃色的法國鬥牛犬~
咦~♥為什麼在這種地方，會有法國鬥牛犬~♪
趕緊處理!!
滑壘
養了兩隻法國鬥牛犬，溺愛牠們。
喂~，你摸狗了沒有
咦?
怎麼了?
沒事吧?
臭到渾身顫抖嗎?
顫抖顫抖
顫抖

我想回日本!!
情緒低落
才第一天，思鄉病就發作了。
因為狗在日本等我~牠們一定很寂寞（泣）!!
不不不，我們還不能回去唷。
我想回去~
順帶一提，自己看家的狗，從來沒有寂寞過。
好自由~
……咦？倒是這隻流浪在外的法國鬥牛犬……
嗅來嗅去
一點也不臭?!
毛髮閃亮
我一週洗兩次澡!!
而且仔細一看，脖子上戴著項圈!!
這傢伙不是野狗?!
新
Sing....
Laksa
後來也數度出現在這本書中，台灣（高雄？）的家犬都沒有繫牽繩。
而且這傢伙是這間店的店狗!!
龍寶の店
那麼，這股臭味究竟從何而來……
這位客人不會上門。我要回去了。
呵!
呵~!!
金子小姐，怎麼了?!

膽戰心驚
臭味的源頭是……
這個~
自稱「臭」的東西出現了~!!
麻辣
臭豆腐
躍入——眼簾
這是什麼……臭豆腐?!
外表看起來也很嚇人，味道更是臭死人了。
臭豆腐
臭得要命的豆腐
只能這麼說，就是一個「臭」字，令人顧不得什麼「將豆腐浸泡在某種菌的發酵汁，產生胺基酸」那種狗屁理論的臭豆腐。
有人在吃唷……
張開嘴巴
臭氣沖天
好燙
好燙
好燙
要……要不要吃吃看?
咦?咦~~

怎麼辦……
作為漫畫的哏，八成是頂級的哏。
只要吃一口，保證就會出現捧腹昏死倒地的反應吧。
但是，等著瞧!!
臭氣沖天
1碗是要逼死誰
吃~不~完~
如果只吃一口也就罷了，那個量絕對吃不完，而且今天才第一天，不能一下就吃壞肚子躺在飯店。
沒錯，現在還不是冒險的時候，所以……
跳~過!!
麻辣
澎湃野吉一行人落荒而逃。
不是水球，而是塑膠玩具。
釣水球？
在夜市，除了食物之外，還能玩射氣球，以及像是釣水球的遊戲。
這個是射破氣球，就能獲得上面的怪玩偶啊。原來如此。
啊，也有套圈圈~那個感覺很簡單~♪
最下層的獎品很近，感覺能夠獲得，但是不需要……
不過，這個套圈圈……
忐忑不安

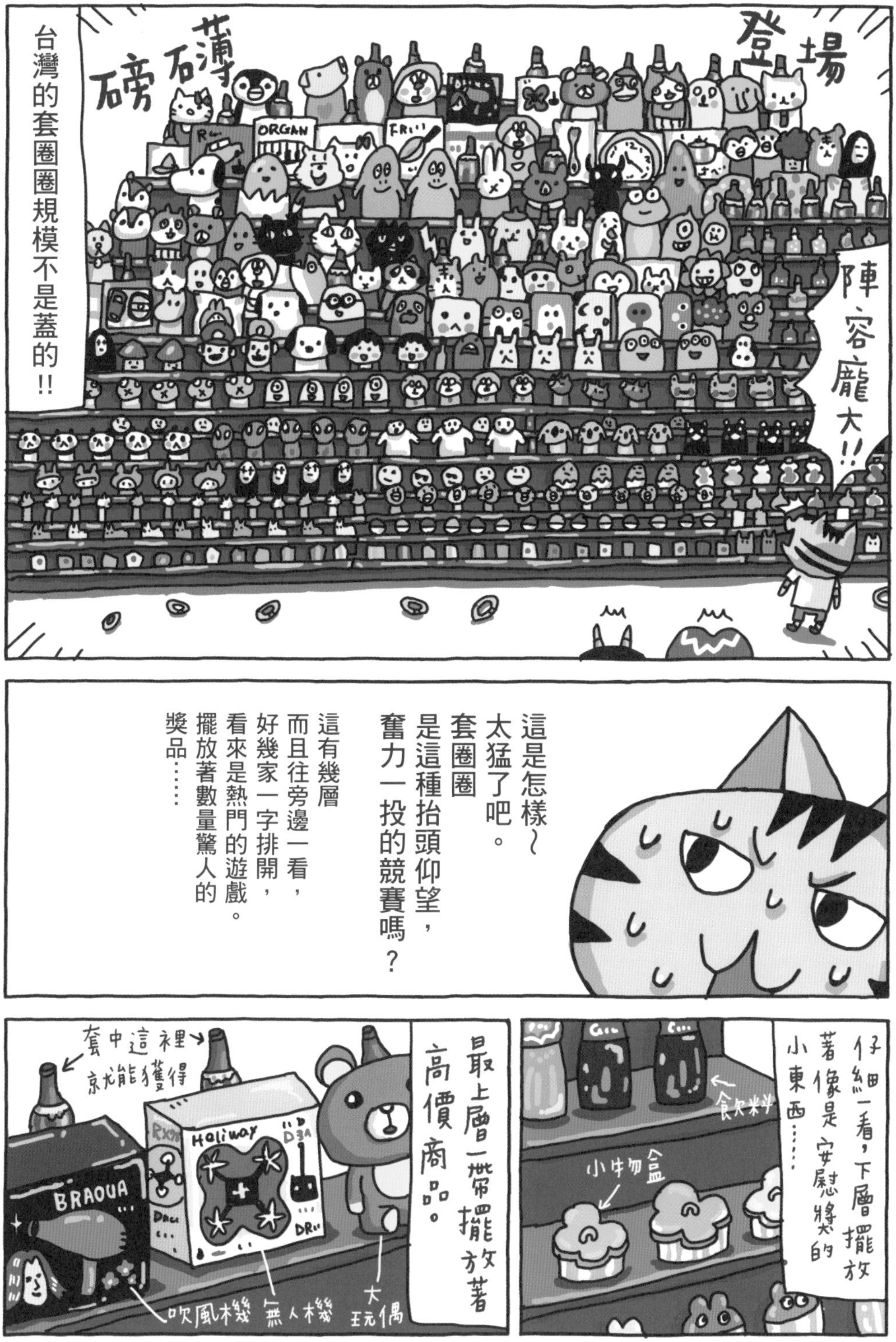
磅礡登場
陣容龐大!!
台灣的套圈圈規模不是蓋的!!
這是怎樣~太猛了吧。
套圈圈是這種抬頭仰望，奮力一投的競賽嗎？
這有幾層而且往旁邊一看，好幾家一字排開，看來是熱門的遊戲。擺放著數量驚人的獎品……
仔細一看，下層擺放著像是安慰獎的小東西……
飲料
小物盒
最上層一帶擺放著高價商品。
套中這裡就能獲得
吹風機
無人機
大玩偶

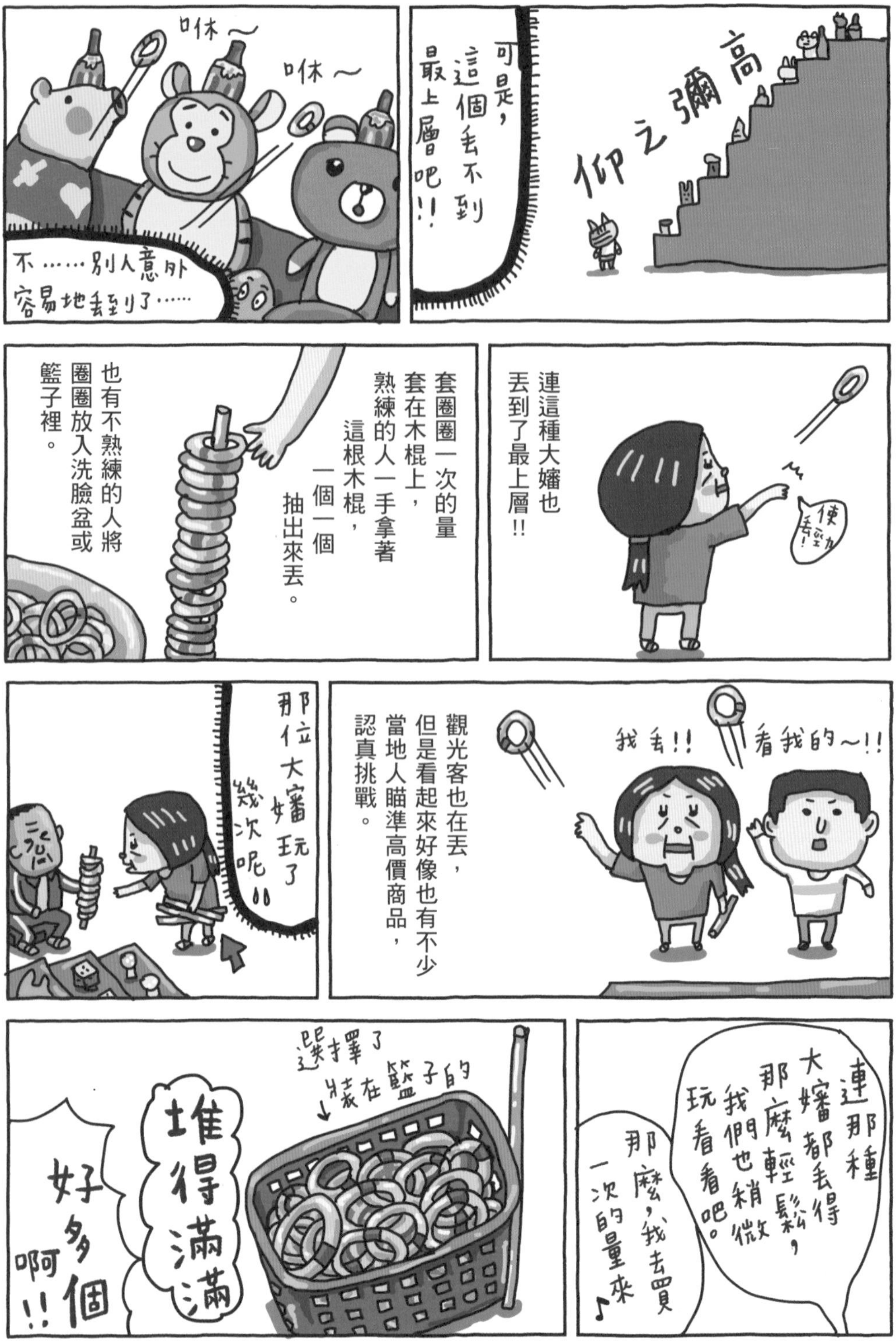
可是，這個丟不到最上層吧!!
仰之彌高
咻～
咻～
不……別人意外容易地丟到了……
連這種大嬸也丟到了最上層!!
使勁丟!
套圈圈一次的量套在木棍上，熟練的人一手拿著這根木棍，一個一個抽出來丟。
也有不熟練的人將圈圈放入洗臉盆或籃子裡。
我丟!!
看我的～!!
觀光客也在丟，但是看起來好像也有不少當地人瞄準高價商品，認真挑戰。
那位大嬸玩了幾次呢
連那種大嬸都丟得那麼輕鬆，我們也稍微玩看看吧。
那麼，我去買一次的量來♪
選擇了裝在籃子的
堆得滿滿
好多個啊!!

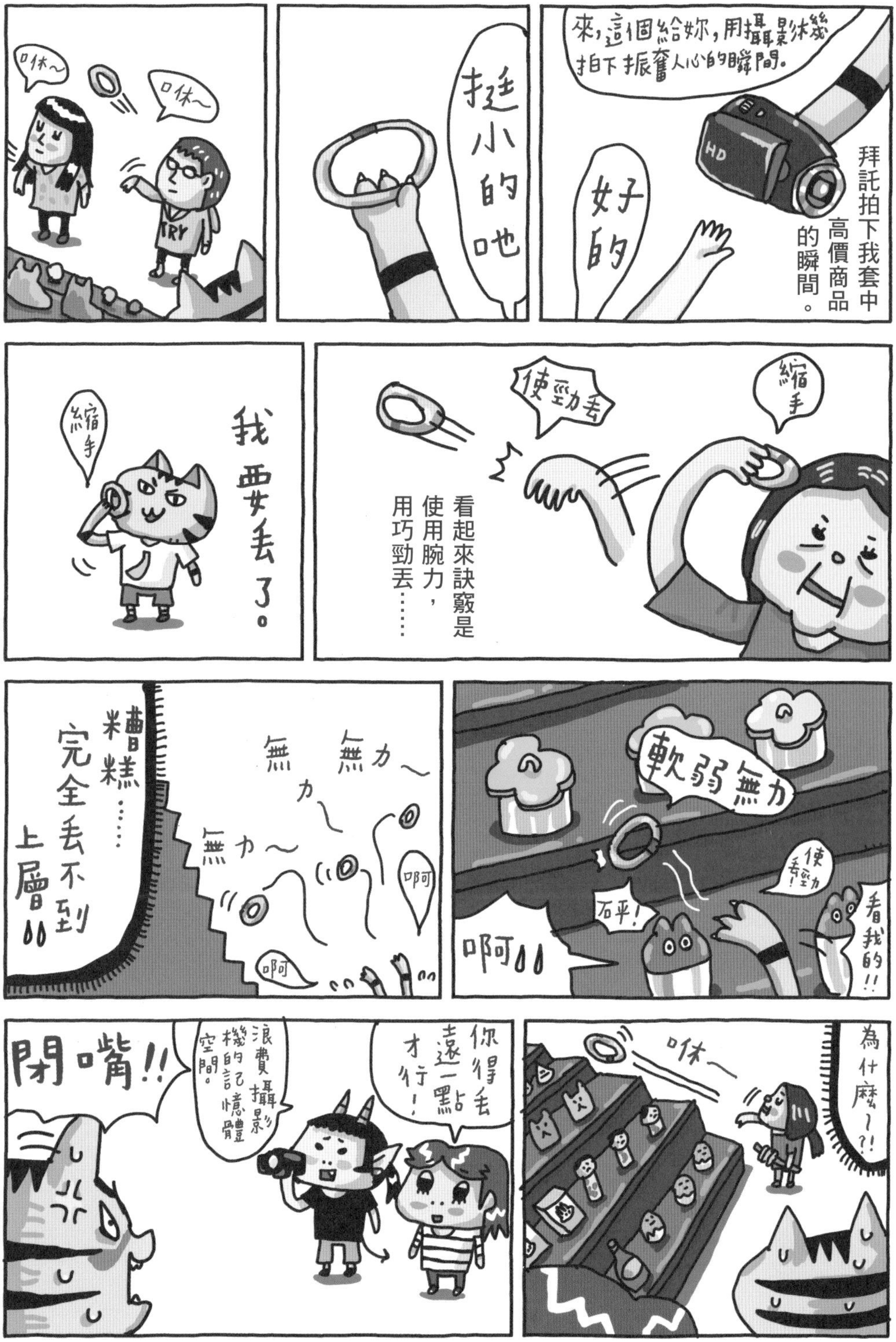

咻～
咻～
挺小的吔
來，這個給妳，用攝影機拍下振奮人心的瞬間。
好的
拜託拍下我套中高價商品的瞬間。
縮手
我要丟了。
使勁丟
縮手
看起來訣竅是使用腕力，用巧勁丟……
糟糕……完全丟不到上層
無 力～
無力～
無力～
啊
啊
軟弱無力
使勁丟！
砰！
啊
看我的！！
閉嘴！！
浪費攝影機的記憶體空間。
你得丟遠一點才行！
咻～
為什麼～？！

譯註：出現在楳圖一雄的漫畫《阿誠》中，左手張開之後，只彎折中指和小指的獨特手形。

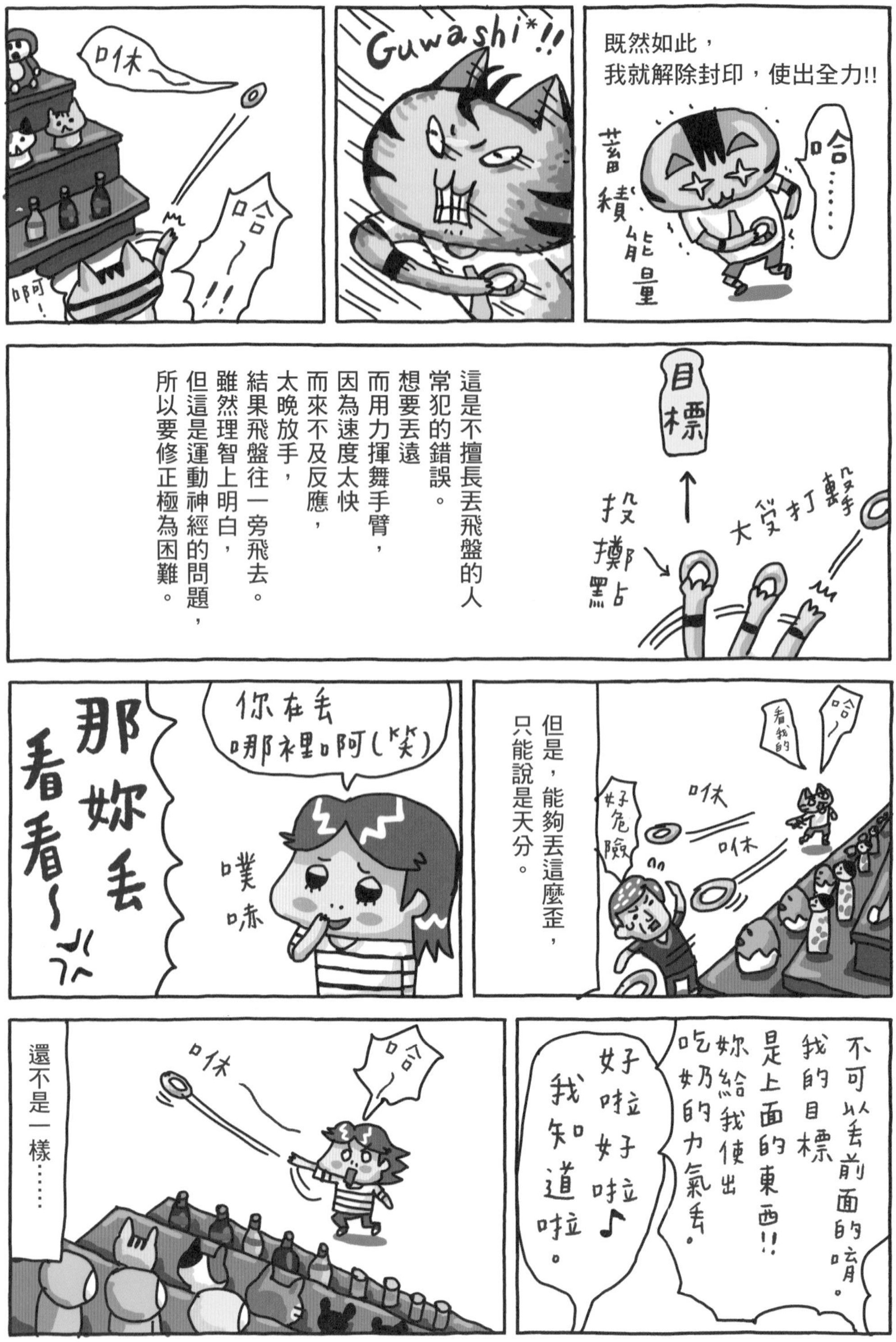

高手登場
瞧你們兩個遜的
縮手
咻~!!
使勁丟
好厲害
真的假的?!
咻~
咻~
咻~
但是，要套中這裡，果然比登天還難。
而丟了老半天，圈圈還是丟不完。
還有喔。
你丟啦。
你丟啦。
那我丟。
請丟請丟!!
這種事情最好適可而止，像是覺得「啊~如果再多幾個圈圈，就能拿到了……」、「再丟一次好了」時，就該收手了。我覺得老闆給太多了。
已經累了，瞄準前面的。
隨手亂丟
儘管如此，還是套不中。
咔
已經像是在餵鯉魚飼料了。
隨手亂丟
快快長~大~
隨手亂丟

就在這個時候!!
咔
奇蹟發生
正好套中
雪碧
獲得雪碧～!!
嗚喔～!!
妳們看到了嗎?!
剛才的超級慢動作♪
剛才的畫面，日後要燒進DVD，製成附錄。♪
人……哩?
啊!!拿到了～
妳們去哪裡了
我們去找飛到一旁的圈圈了。
妳們不是應該在拍影片嗎?!
抱歉
喂
後來，只是一味地持續丟，再也沒有發生奇蹟，深夜的台灣套圈圈大賽結束了。
上氣
不接
下氣
ドライヤー
ドローン
ニセリラックマ
ニセドラえもん
繼續邊走邊吃
好大的烤魷魚～
日式燒烤阿根廷魷魚
大王魷魚嗎?!
好大片的炸雞排～
巨～大～
墨汁
咔嗞咔嗞
咔嗞咔嗞
墨汁雞排

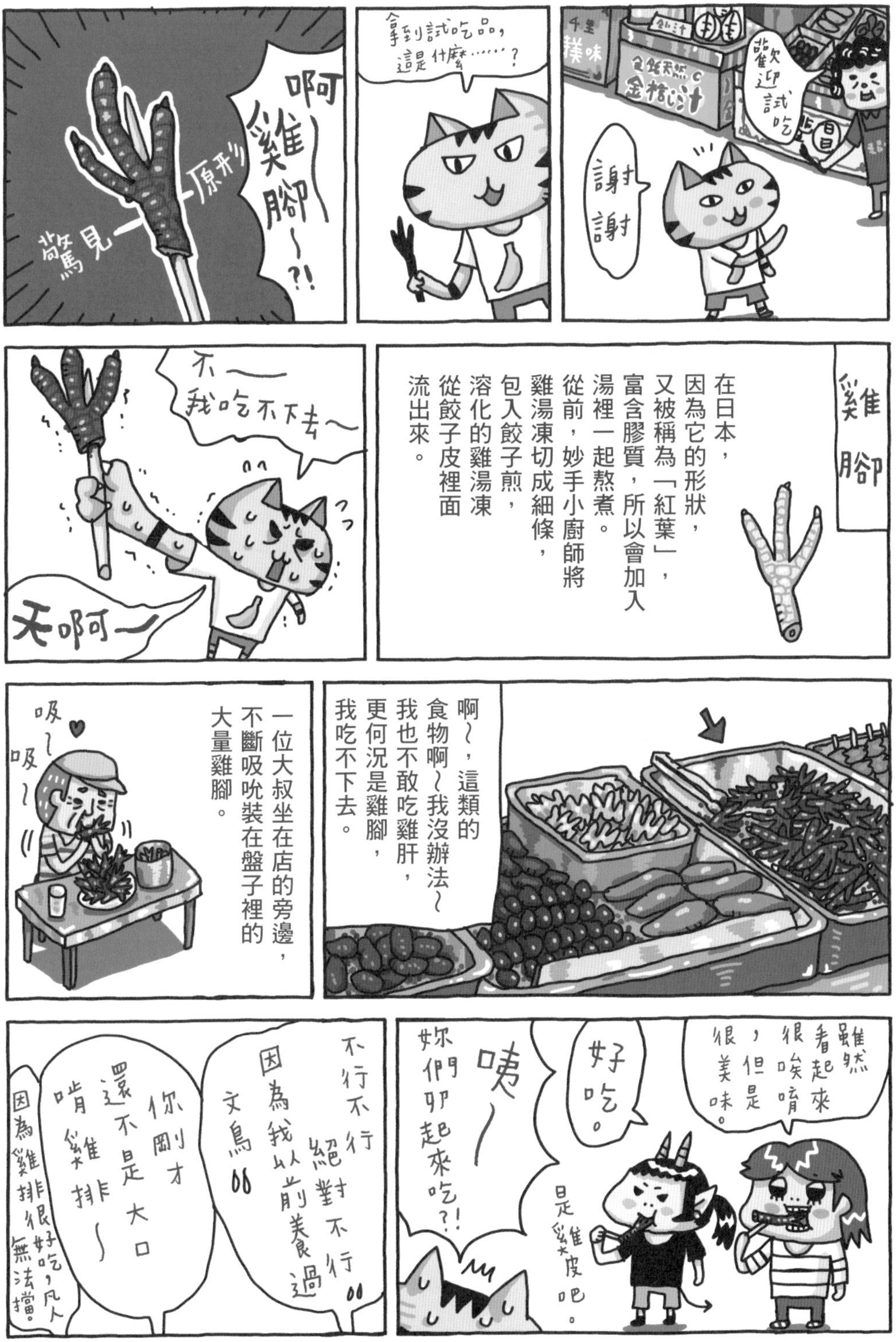
驚見—原形
啊~雞腳~?!
拿到試吃品，這是什麼……？
歡迎試吃
謝謝
金桔汁
不~~我吃不下去~
天啊~
雞腳
在日本，因為它的形狀，又被稱為「紅葉」，富含膠質，所以會加入湯裡一起熬煮。從前，妙手小廚師將雞湯凍切成細條，包入餃子煎，溶化的雞湯凍從餃子皮裡面流出來。
吸~吸~
一位大叔坐在店的旁邊，不斷吸吮裝在盤子裡的大量雞腳。
啊~，這類的食物啊~我沒辦法~我也不敢吃雞肝，更何況是雞腳，我吃不下去。
因為雞排很好吃，凡人無法擋。
你剛才還不是大口啃雞排~
不行不行絕對不行
因為我以前養過文鳥
妳們卯起來吃?!
咦~
好吃。
雖然看起來很噁心，但是很美味。
是雞皮吧。

這就是證據，
妳們看!!
因為是雞，所以起
雞皮疙瘩了!!
張大嘴巴
話雖如此，
又不能丟掉
別人送的東西，
下定決心，
吃掉它。
彈牙
Q彈難咬
啊～Q彈難咬～
可是，味道是烤雞肉串
醬汁的味道～
如果不去想它是雞腳，
就能作為下酒菜，
大快朵頤～!!
吃完了～!!
嚇到倒彈
嗚哇！這是什麼？
好噁心。
原味
燒酒螺
昆蟲?!
不是昆蟲，
而是調味過的小螺類。
很漂亮的店，
可是沒開。
哇：青蛙下蛋
士林王記瑞豐分店
Wow Frog eggs
啊……
青蛙
下蠶繭*
不要隨便亂唸。

譯註：「蛋」形似日文漢字「蚕」（蠶繭）。

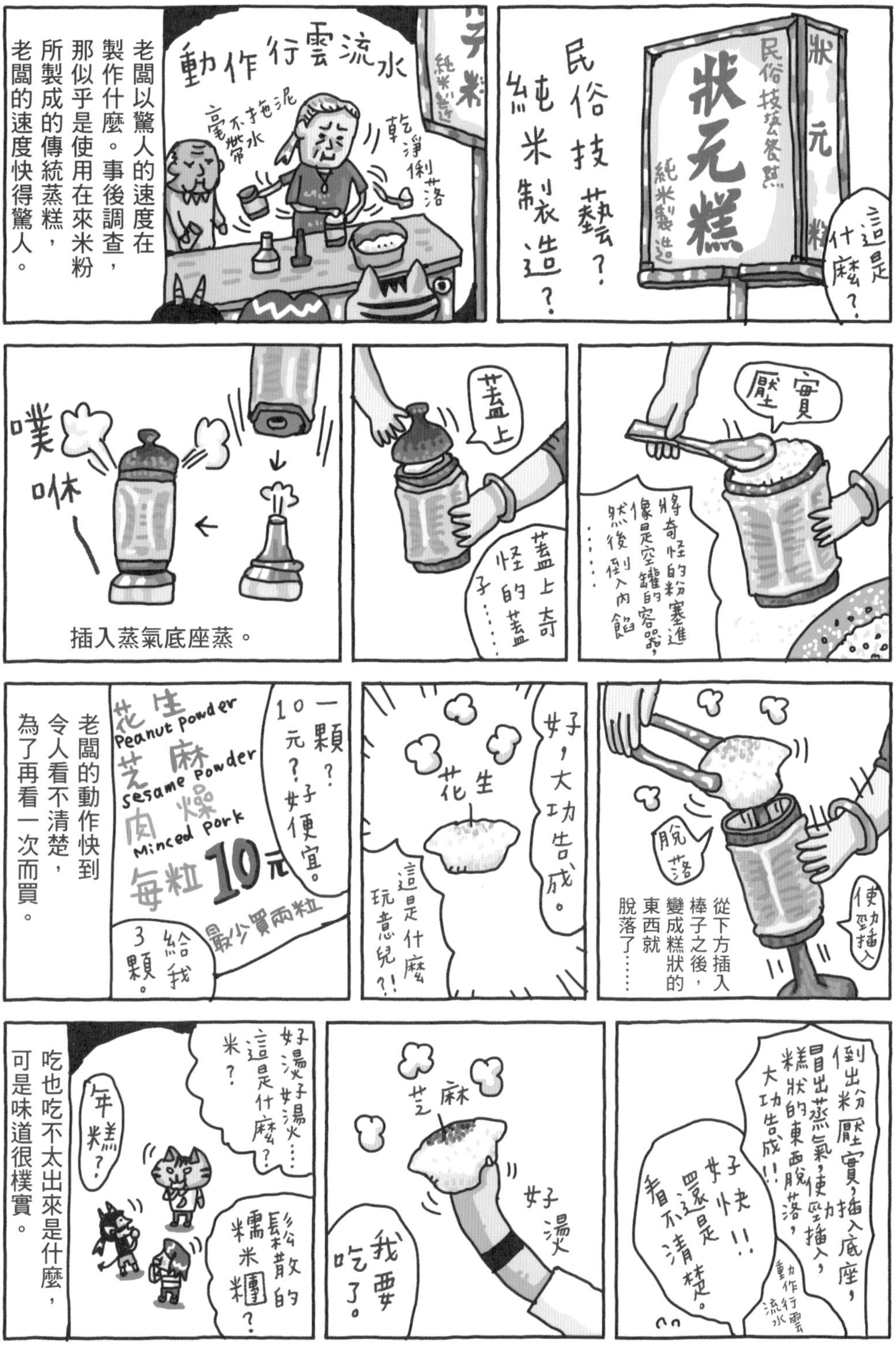

這是什麼？
狀元糕
民俗技藝餐點
純米製造
民俗技藝？純米製造？
動作行雲流水
毫不拖泥帶水
乾淨俐落
老闆以驚人的速度在製作什麼。事後調查，那似乎是使用在來米粉所製成的傳統蒸糕，老闆的速度快得驚人。
壓實
將奇怪的粉塞進像是空罐的容器，然後倒入內餡……
蓋上
蓋上奇怪的蓋子……
噗咻—
插入蒸氣底座蒸。
使勁插入
脫落
從下方插入棒子之後，變成糕狀的東西就脫落了……
好，大功告成。
花生
這是什麼玩意兒？！
一顆？10元？好便宜。
花生 Peanut powder
芝麻 Sesame powder
肉燥 Minced pork
每粒10元
最少買兩粒
給我3顆。
老闆的動作快到令人看不清楚，為了再看一次而買。
倒出粉壓實，插入底座，冒出蒸氣，使勁插入，糕狀的東西脫落，大功告成！！
好快！！還是看不清楚。
動作行雲流水
芝麻
好燙
我要吃了。
好燙好燙好燙……
這是什麼？米？
年糕？
鬆散的糯米糰？
吃也吃不太出來是什麼，可是味道很樸實。

搖搖晃晃~
搖晃~
搖搖晃晃~
呼~原本還想吃一堆飯類或麵類的食物，但是意外地吃不下了~
SUZU 那是因為……
已經凌晨1點了。
澎湃野吉哥，你的眼睛好紅。
妳也是啊~!!
那不重要，妳聽我說！台灣因為時差，比日本慢1小時。對於來自日本的我們來說，現在是凌晨2點!!也就是說，妳們讓我這個平常除了遛狗之外都不出門，宅男中的宅男從早上搭恐怖的飛機3小時，明知我怕生，還帶著我在陌生的國度到處晃到凌晨2點，簡直是亂來……
TEASHOP
好啦好啦，知道了。讓你回飯店休息就行了吧。在那之前，最後讓我買一杯當時尚未在日本引發風潮，源自台灣的珍珠奶茶吧。
順帶一提的是，這間店的店員像是學生餐廳的大嬸一樣，給了大量的珍珠。
如果沒有蓋子，就要滿出來了。
像是便利商店的果凍一樣的蓋子。
以日本人的感覺來說，超級甜。
糖 SUGAR
正常10分 standard
少糖7分(70%) less sugar
半糖5分(50%) half sugar
微糖3分(30%) low/light sugar
無糖 no sugar
台灣在點飲料時，似乎一般會選擇甜度和冰塊的量。尤其是甜度，正常標準量似乎不是正常的甜度，敬請注意!!
吸~
選擇「半糖5分」
道地的珍珠奶茶如何？

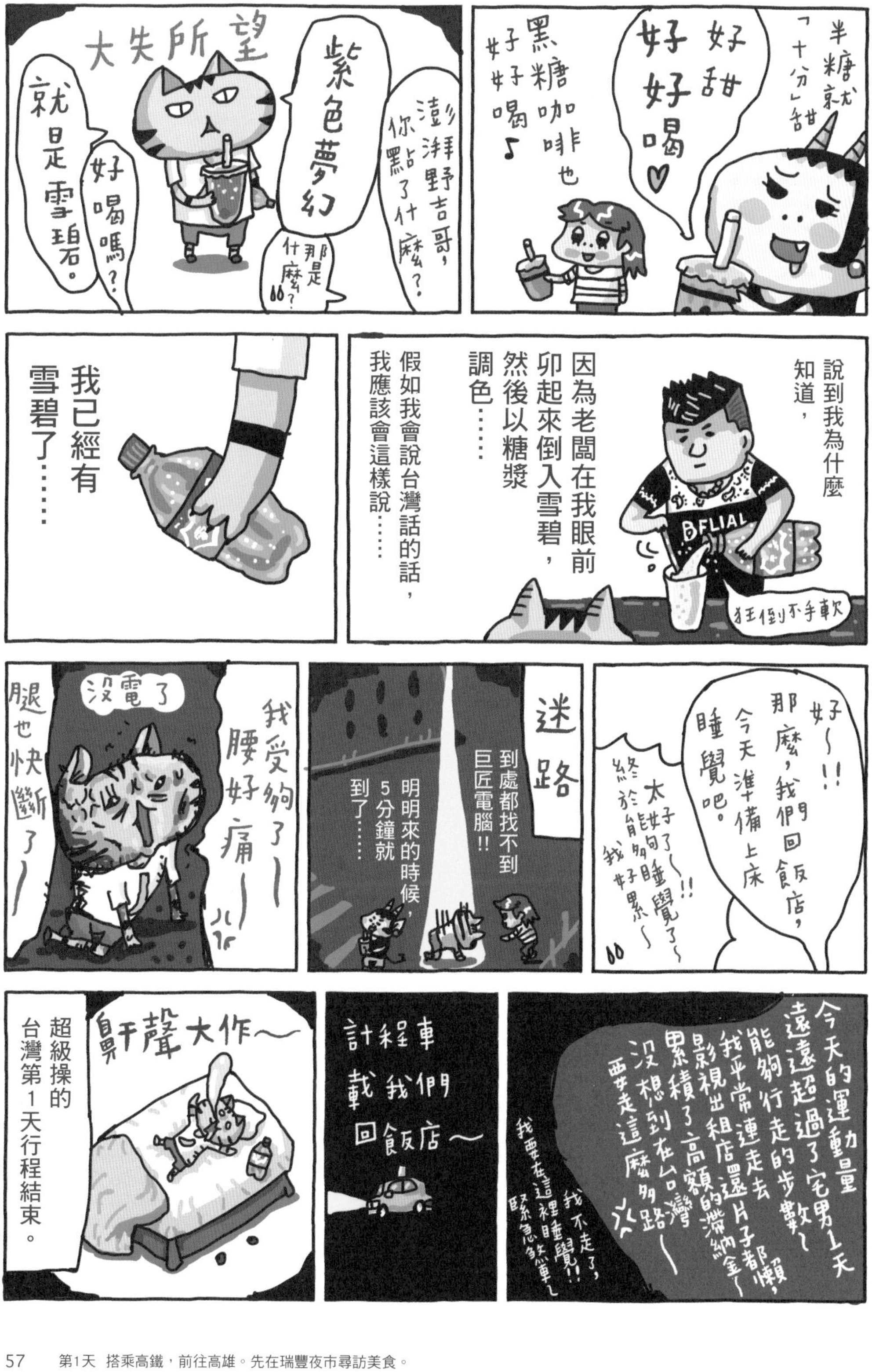
半糖就「十分」甜
好甜好好喝♥
黑糖咖啡也好好喝♪
澎湃野吉哥，你點了什麼？
紫色夢幻
那是什麼？
好喝嗎？
就是雪碧。
大失所望
說到我為什麼知道，
因為老闆在我眼前卯起來倒入雪碧，然後以糖漿調色……
狂倒不手軟
假如我會說台灣話的話，我應該會這樣說……
我已經有雪碧了……
好～!!
那麼，我們回飯店，今天準備上床睡覺吧。
太好了～!!
終於能夠睡覺了～
我好累～
迷路
到處都找不到巨匠電腦!!
明明來的時候，5分鐘就到了……
我受夠了～
腰好痛～
腿也快斷了～
沒電了
今天的運動量遠遠超過了宅男1天能夠行走的步數～
我平常連走去影視出租店還片子都懶，累積了高額的滯納金～
沒想到在台灣要走這麼多路～
哭
我不走了，我要在這裡睡覺!!
緊急煞車
計程車載我們回飯店～
鼾聲大作～
超級操的台灣第1天行程結束。

在台灣令澎湃野吉吃驚的事物照片館

喂～過來這邊～招手的動作不夠專業的招財貓。

電腦界的巨匠和世界知名的狂龍老師聯名!!

字很難寫的寶礦力水得

超甜橘子

日本風味

感覺能夠啃頸椎的店名

戴著狗

這個人……

拿著一堆麵包。

不知是在賣野生的鳥，還是在賣活的鳥。

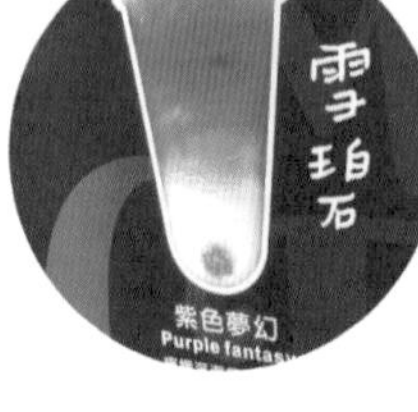

雪珀石

關於珍珠奶茶

謝謝，大家好。今天想要和大家一起學習關於珍珠奶茶的事。珍珠奶茶熱潮數度旋風席捲日本，現在也在日本蔚為風潮。但是大家知道它源自台灣嗎？順帶一提的是，台灣香蕉也是源自台灣。

咦～真卍*？……這樣用對嗎？

珍珠奶茶以日本全國的女高中生為主，廣受歡迎，但是大家知道它是什麼嗎？它是一種將珍珠加入奶茶的飲料，對吧？沒錯。

那麼，大家能夠說明珍珠(tapioka)*是什麼嗎？

珍珠是7月到9月的期間內，能夠在熱帶地區捕捉到的新鮮日本雨蛙的……咦？不對？啊，是體型較大的日本蟾蜍的……也不對……呃～你說什麼？珍珠是以木薯根製成的澱粉？糟糕，陷入了謎中謎的窘境。和珍珠奮戰的過程中，又出現了木薯。木薯像是想要加入夥伴似的看著我。怎麼辦？把它磨成粉，製成珍珠。我不太清楚，但木薯*好像不是魚，而是一種薯類。進一步的詳情，請大家各自研究。總之，那種澱粉是木薯粉，再將它搓成小圓球，就被稱為珍珠粉圓。加入珍珠奶茶的是那種珍珠狀的東西。換句話說，如果舉個簡單易懂的例子，大家都說北海道的綠球藻是那種圓圓的球藻，但其實一根一根的才是綠球藻，而圓球則是許多綠球藻聚集的集合體。大家稱之為綠球藻的東西，其實是綠球藻王。可是，我們還是會把那個圓球叫做綠球藻，對吧？(眨眼吐舌♪) 有必要舉這個例子嗎？總而言之，正確來說，加入珍珠奶茶的不是珍珠，而是珍珠粉圓。下次約會時，請務必學豆柴犬*說：「我問妳～，妳知道嗎～？」告訴女友這件事。她一定會驚呼：「咦～，真卍？」那麼，謝謝，再見！！

譯註：「真卍」表現情緒高漲或事物的程度，自2017年起，流行於社群網站，廣泛用於女高中生之間，可以是正面或負面語氣，在此的意思類似「真的假的」。

譯註：珍珠在日文叫做「tapioka」，源自葡萄牙語「tapioca」。

譯註：木薯在日文叫做「kyassaba」，大概是因為鯖魚叫做「saba」，所以作者以為它是魚。

譯註：電通的原創角色「豆柴犬」，會在廣告中教觀眾冷知識。

發現飛行模擬器，玩一次200日圓。

沒來由地在出發前，感受日本風情中。

你知道羽田機場有日本橋嗎？

抵達台北！好熱！南國的陽光！

在松山機場的飲水機倒水。

好久沒出國旅行，滿心期待～

台灣的車站便當是剛做好的，熱騰騰。

好大的挑高空間，震懾人心。

抵達台北車站。稍微走一走。

立刻品嚐便當吧♪

雖然顏色不同，但是幾乎和日本的新幹線一樣。

拿到高鐵的不限次數搭乘車票。

Photo diary 照片日記

在便利商店，買到一卡通。

從車站搭計程車，抵達飯店！

八角味重的褐色排骨便當，真好吃。

小丸子在高雄歡迎我們。

啊，地圖的感覺和日本好像。

在捷運車站，確認路線圖中。

口渴了，立刻買西瓜汁。

然後，抵達瑞豐夜市！人潮擁擠！

在捷運內，不能喝水。

龍捲風*?!不是啊……長得好像。

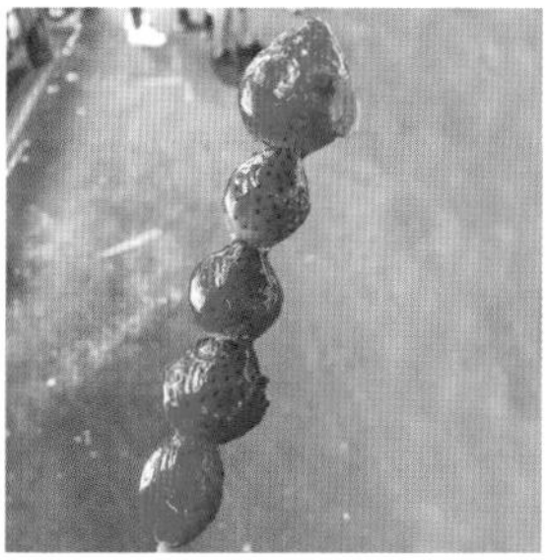

草莓裹上糖衣吧……嗯？是番茄？

這是什麼？草莓嗎？

※「龍捲風」是澎湃野吉家的法國鬥牛犬的名字。

我愛黑糖口味的珍珠奶茶。

這傢伙就是那股臭味的來源啊。

熱衷於拍那隻法國鬥牛犬的澎湃野吉。

咦？這裡剛剛才經過？不是嗎？

雞排酥脆，超級美味。

免費拿到的雞腳。

因為是週五的晚上嗎？過了12點，
還是如此擁擠。

招牌的文字似懂非懂。

套圈圈意外地困難，澎湃野吉好厲害。

嗯嗯，晚餐果然很便宜。

呃～在攤販買了那個，錢剩下……

錢包管理者每晚必須對帳。

Photo diary 照片日記

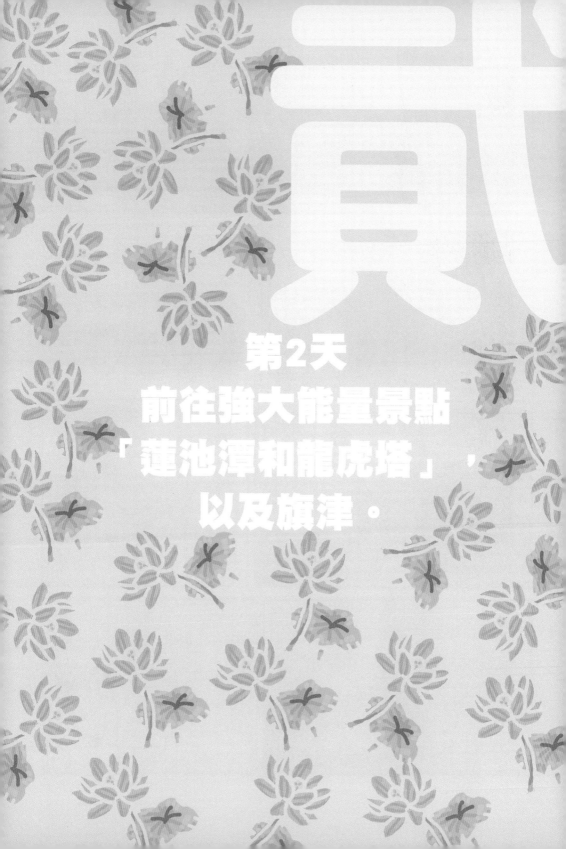

貳

第2天
前往強大能量景點
「蓮池潭和龍虎塔」，
以及旗津。

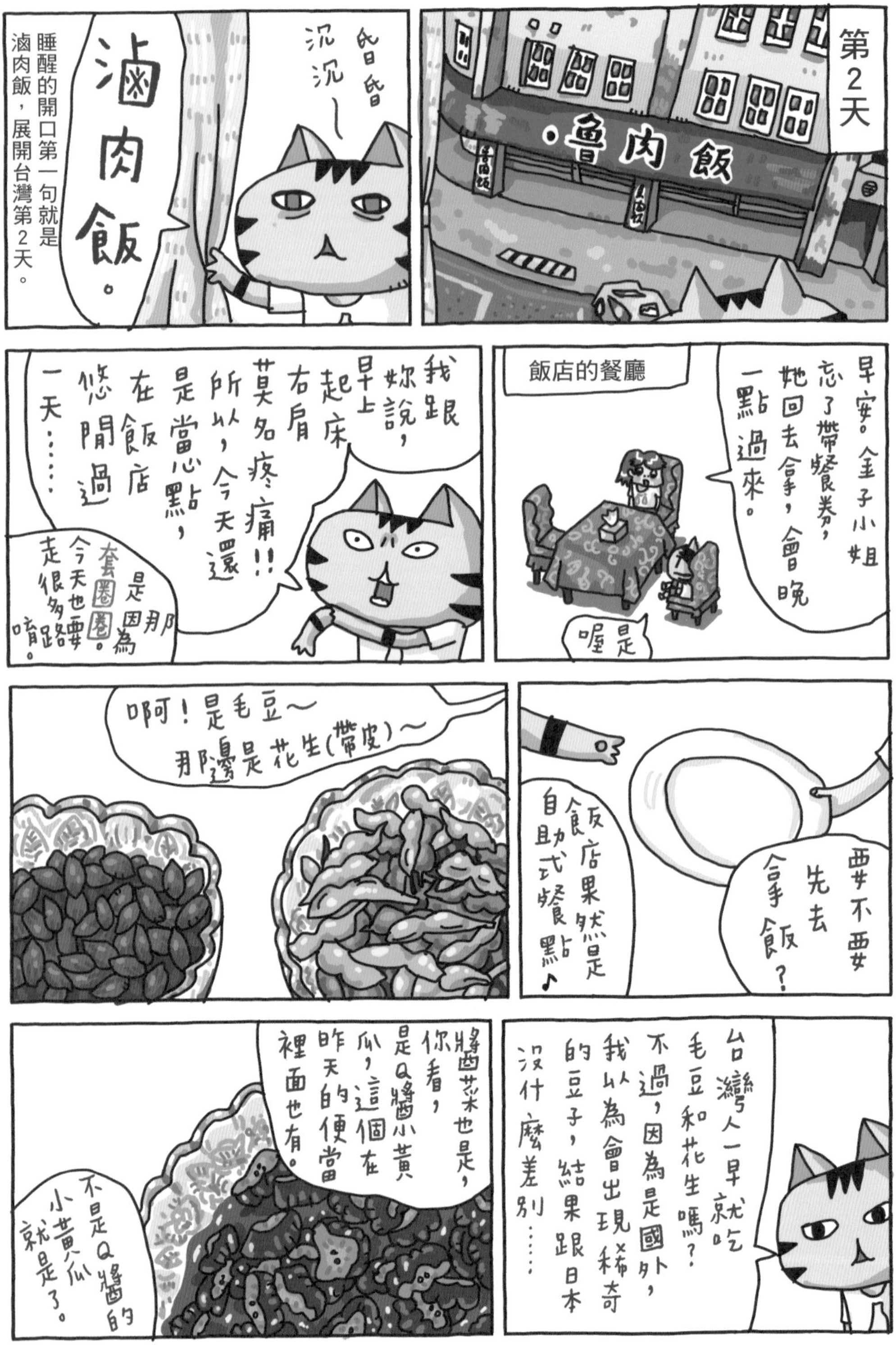
第2天
魯肉飯
昏昏沉沉～
滷肉飯。
睡醒的開口第一句就是滷肉飯，展開台灣第2天。
飯店的餐廳
早安。金子小姐忘了帶餐券，她回去拿，會晚一點過來。
喔是
我跟妳說，早上起床右肩莫名疼痛!!所以，今天還是當心點，在飯店悠閒過一天……
那是因為套圈圈。今天也要走很多路唷。
要不要先去拿飯?
飯店果然是自助式餐點♪
啊!是毛豆～那邊是花生(帶皮)～
台灣人一早就吃毛豆和花生嗎?不過，因為是國外，我以為會出現稀奇的豆子，結果跟日本沒什麼差別……
醬菜也是，你看，是Q醬小黃瓜，這個在昨天的便當裡面也有。
不是Q醬的小黃瓜就是了。

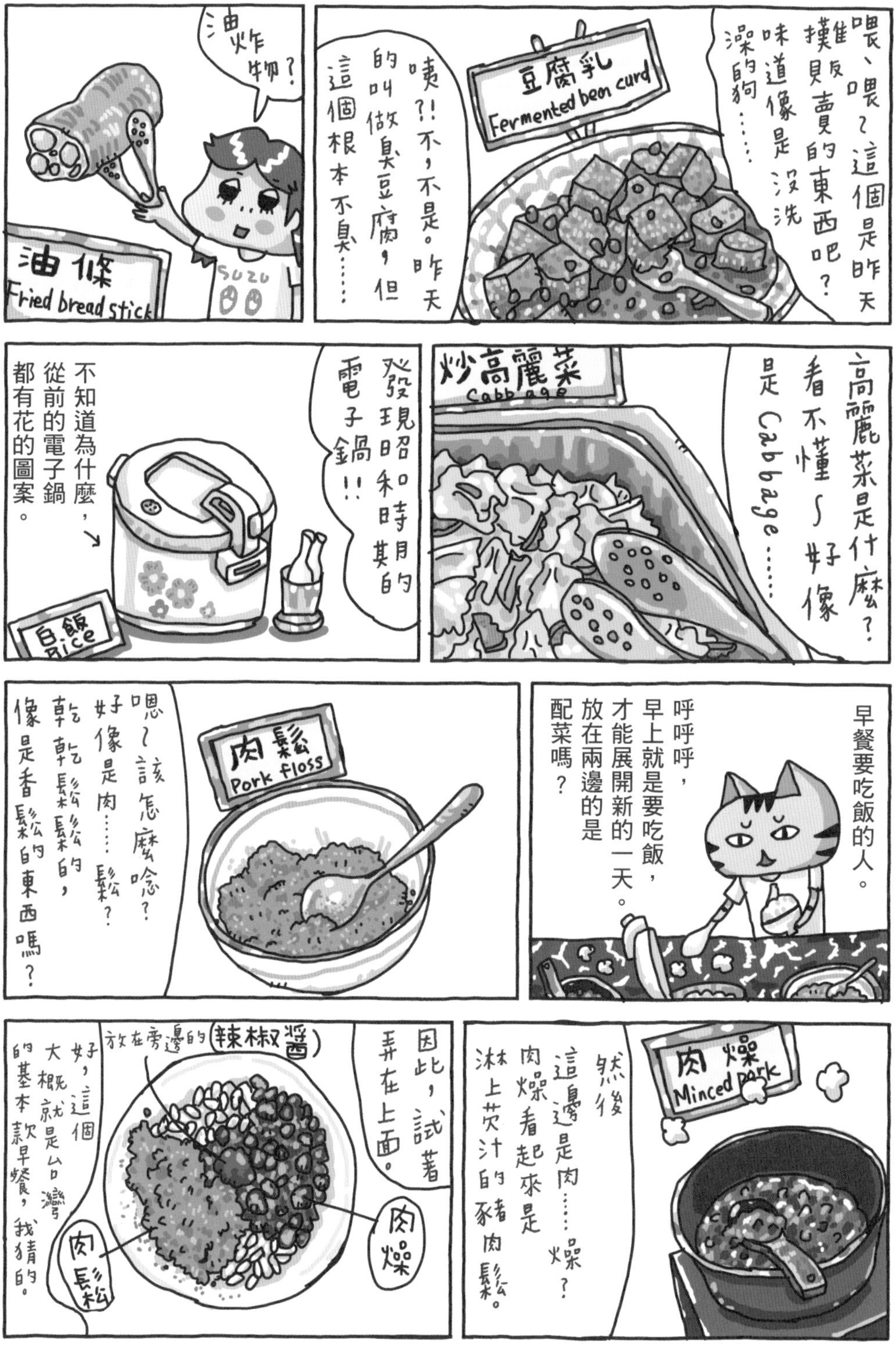

喂、喂～這個是昨天攤販賣的東西吧？味道像是沒洗澡的狗……
豆腐乳
Fermented bean curd
咦?!不，不是。昨天的叫做臭豆腐，但這個根本不臭……
油炸物？
油條
Fried bread stick
SUZU
高麗菜是什麼？看不懂～好像是Cabbage……
炒高麗菜
Cabbage
發現昭和時期的電子鍋!!
不知道為什麼，從前的電子鍋都有花的圖案。
白飯
Rice
早餐要吃飯的人。
呼呼呼，早上就是要吃飯，才能展開新的一天。放在兩邊的是配菜嗎？
肉鬆
Pork floss
嗯～該怎麼唸？好像是肉……鬆？
乾乾鬆鬆的，像是香鬆的東西嗎？
肉燥
Minced pork
然後這邊是肉……燥？肉燥看起來是淋上芡汁的豬肉鬆。
因此，試著弄在上面。
放在旁邊的辣椒醬
肉燥
肉鬆
好，這個大概就是台灣的基本款早餐，我猜的。

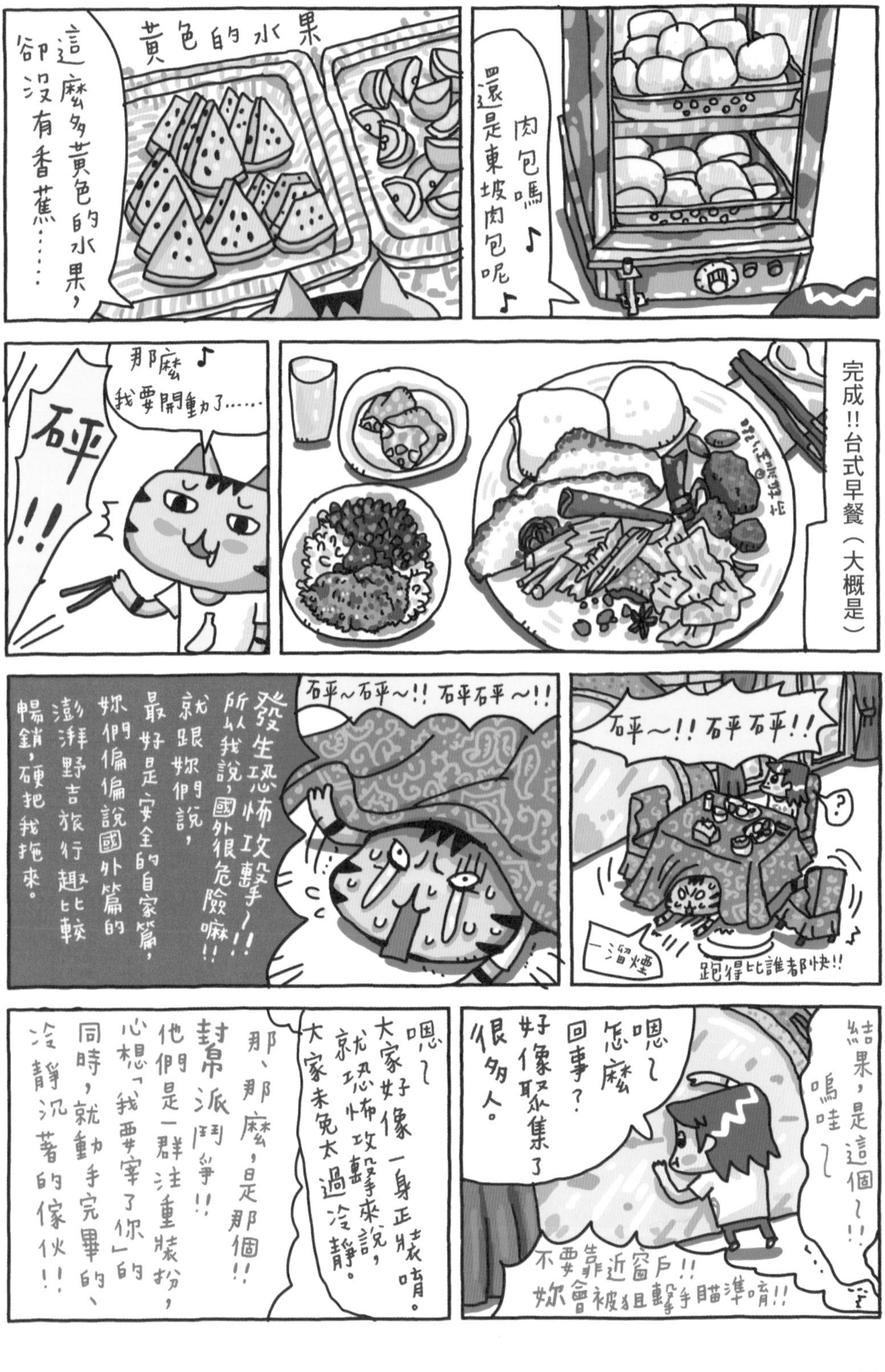
黃色的水果
這麼多黃色的水果，卻沒有香蕉……
肉包嗎♪ 還是東坡肉包呢♪
那麼♪ 我要開動了……
砰!!
完成!!台式早餐（大概是）
砰~砰~!! 砰砰~!!
發生恐怖攻擊~!!
所以我說，國外很危險嘛!!
就跟妳們說，最好是安全的自家篇，妳們偏偏說國外篇的澎湃野吉旅行趣比較暢銷，硬把我拖來。
砰~!! 砰砰!!
?
一溜煙
跑得比誰都快!!
結果，是這個~!!
嗚哇~
嗯~怎麼回事？好像聚集了很多人。
不要靠近窗戶!! 妳會被狙擊手瞄準唷!!
嗯~大家好像一身正裝唷。
就恐怖攻擊來說，大家未免太過冷靜。
那、那麼，是那個!!
幫派鬥爭!!
他們是一群注重裝扮，心想「我要宰了你」的同時，就動手完畢的、冷靜沉著的傢伙!!

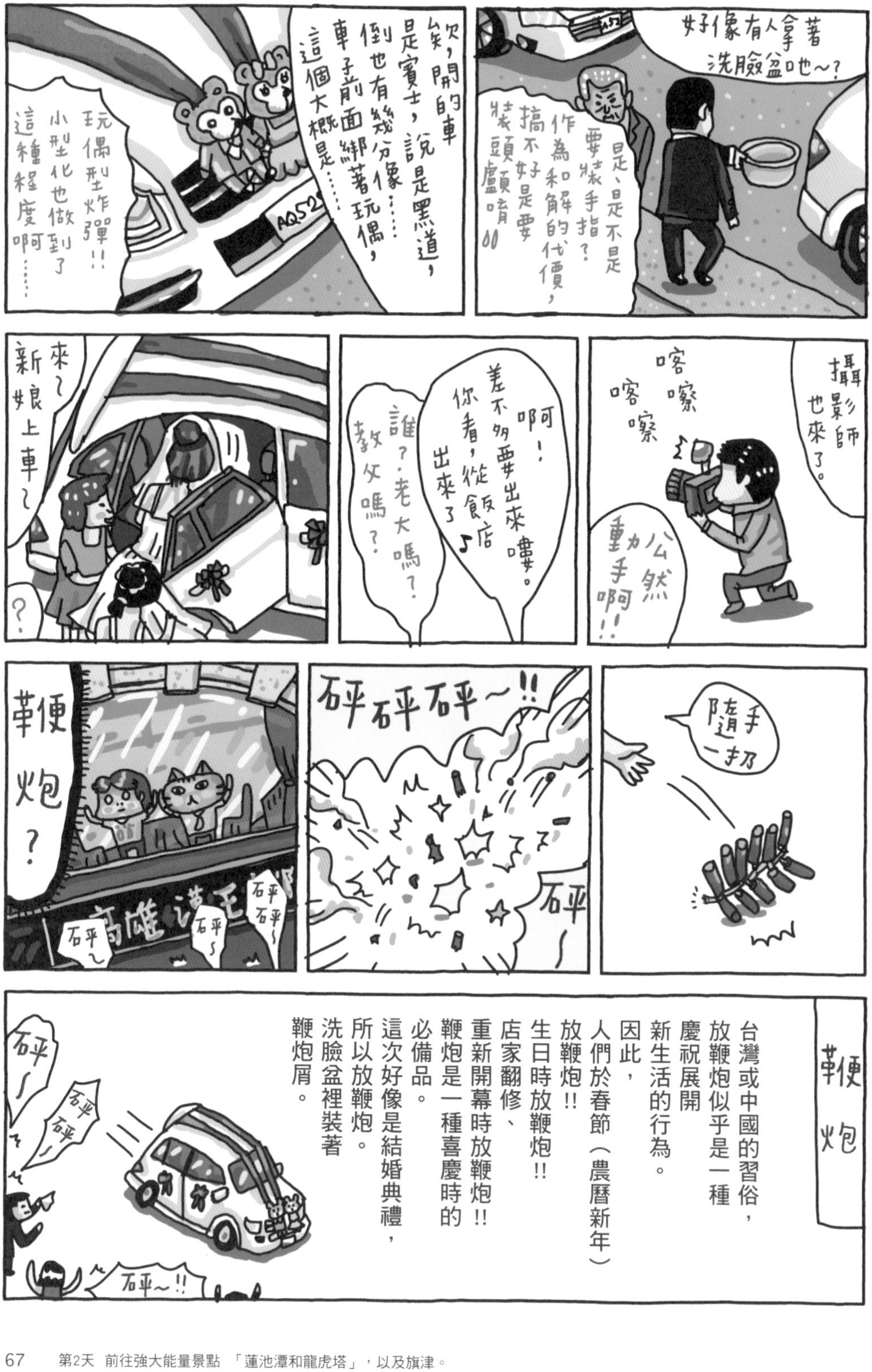

欸，開的車是賓士，說是黑道，倒也有幾分像……
車子前面綁著玩偶，這個大概是……
玩偶型炸彈!!
小型化也做到了
這種程度啊……
好像有人拿著洗臉盆吧～？
是、是不是要裝手指？
作為和解的代價，搞不好是要裝頭顱唷
來～新娘上車～
?
啊！差不多要出來嘍。你看，從飯店出來了♪
誰？老大嗎？教父嗎？
攝影師也來了。
喀嚓
喀嚓
公然動手啊!!
鞭炮？
砰～
砰～
砰砰～
砰砰砰～!!
砰～
隨手一扔
鞭炮
台灣或中國的習俗，放鞭炮似乎是一種慶祝展開新生活的行為。
因此，人們於春節（農曆新年）放鞭炮!!
生日時放鞭炮!!
店家翻修、重新開幕時放鞭炮!!
鞭炮是一種喜慶時的必備品。
這次好像是結婚典禮，所以放鞭炮。
洗臉盆裡裝著鞭炮屑。
砰～
砰砰～
砰～!!

編註：六角精兒日本男演員，演出《相棒》《往名古屋最後班車》《三人兄弟》。

編註：關於沖繩豆腐乳可參考《澎湃野吉旅行趣④沖繩我沖過來了》。

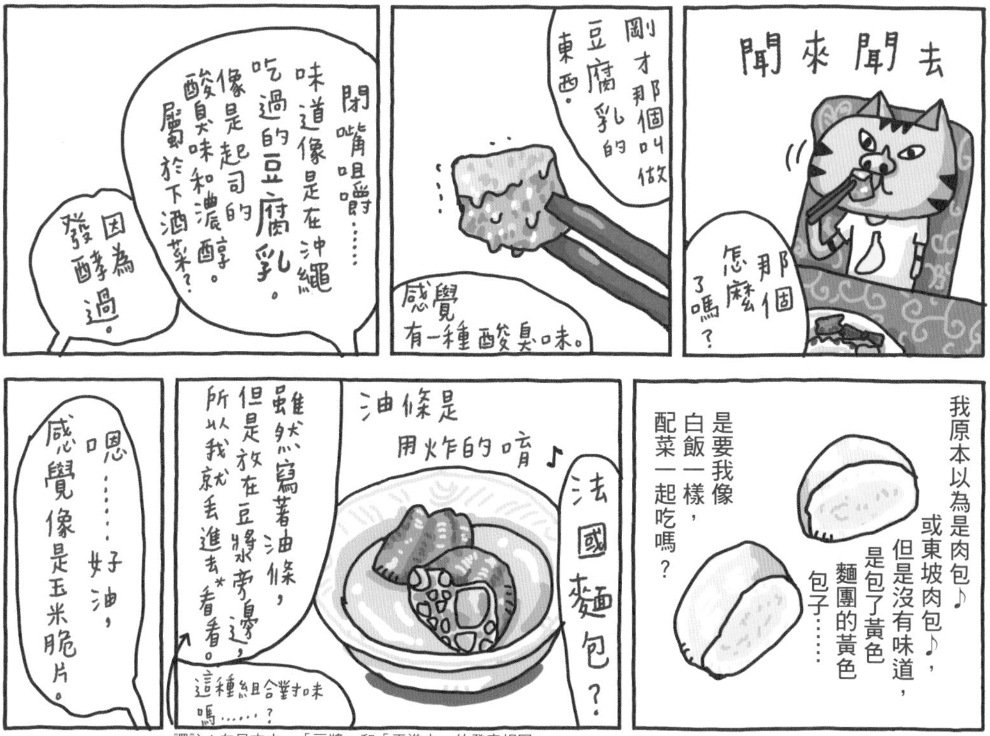
聞來聞去
那個怎麼了嗎？
剛才那個叫做豆腐乳的東西。
感覺有一種酸臭味。
閉嘴咀嚼……
味道像是在沖繩吃過的豆腐乳。像是起司的酸臭味和濃醇屬於下酒菜？
因為發酵過。
我原本以為是肉包♪或東坡肉包♪，但是沒有味道，是包了黃色麵團的黃色包子……
是要我像白飯一樣，配菜一起吃嗎？
油條是用炸的唷♪
法國麵包？
雖然寫著油條，但是放在豆漿旁邊，所以我就丟進去*看看。
這種組合對味嗎……？
嗯……好油，感覺像是玉米脆片。

譯註：在日文中，「豆漿」和「丟進去」的發音相同。

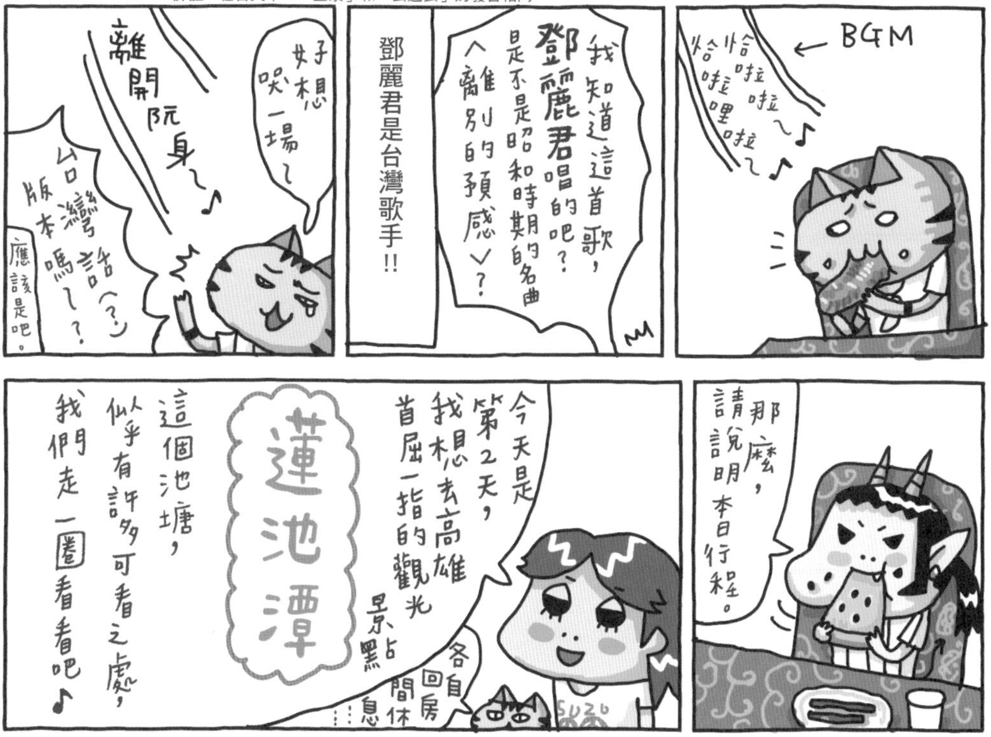
BGM
恰啦啦~♪
恰啦哩啦~♪
我知道這首歌，鄧麗君唱的吧？是不是昭和時期的名曲〈離別的預感〉？
鄧麗君是台灣歌手!!
好想哭一場~
離開阮身~♪
台灣話(?)版本嗎~？
應該是吧。
那麼，請說明本日行程。
今天是第2天，我想去高雄首屈一指的觀光景點
蓮池潭
這個池塘，似乎有許多可看之處，我們走一圈看看吧♪
各自回房間休息……

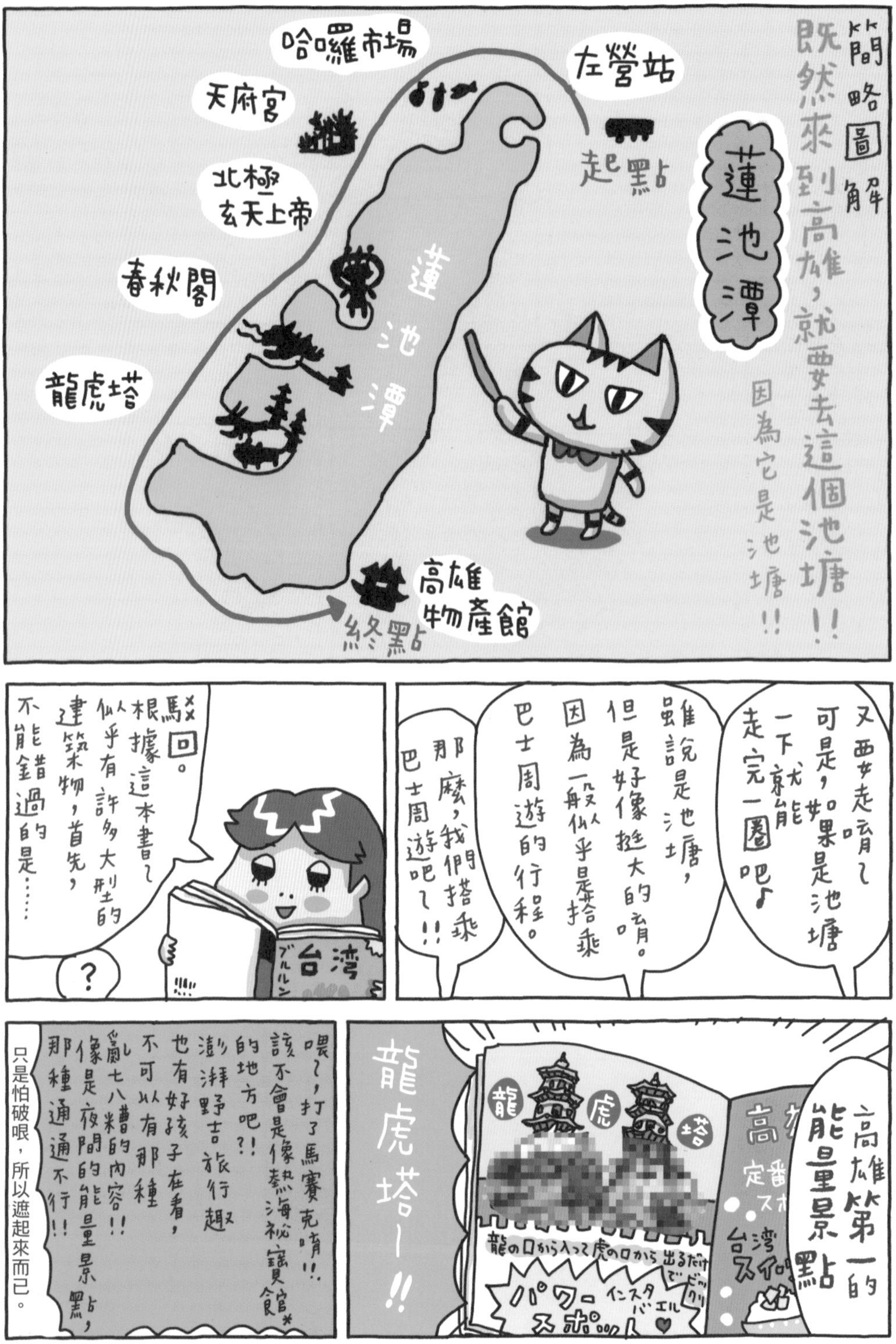

譯註：熱海祕寶館是位於靜岡縣，以情色為主題的成人博物館。

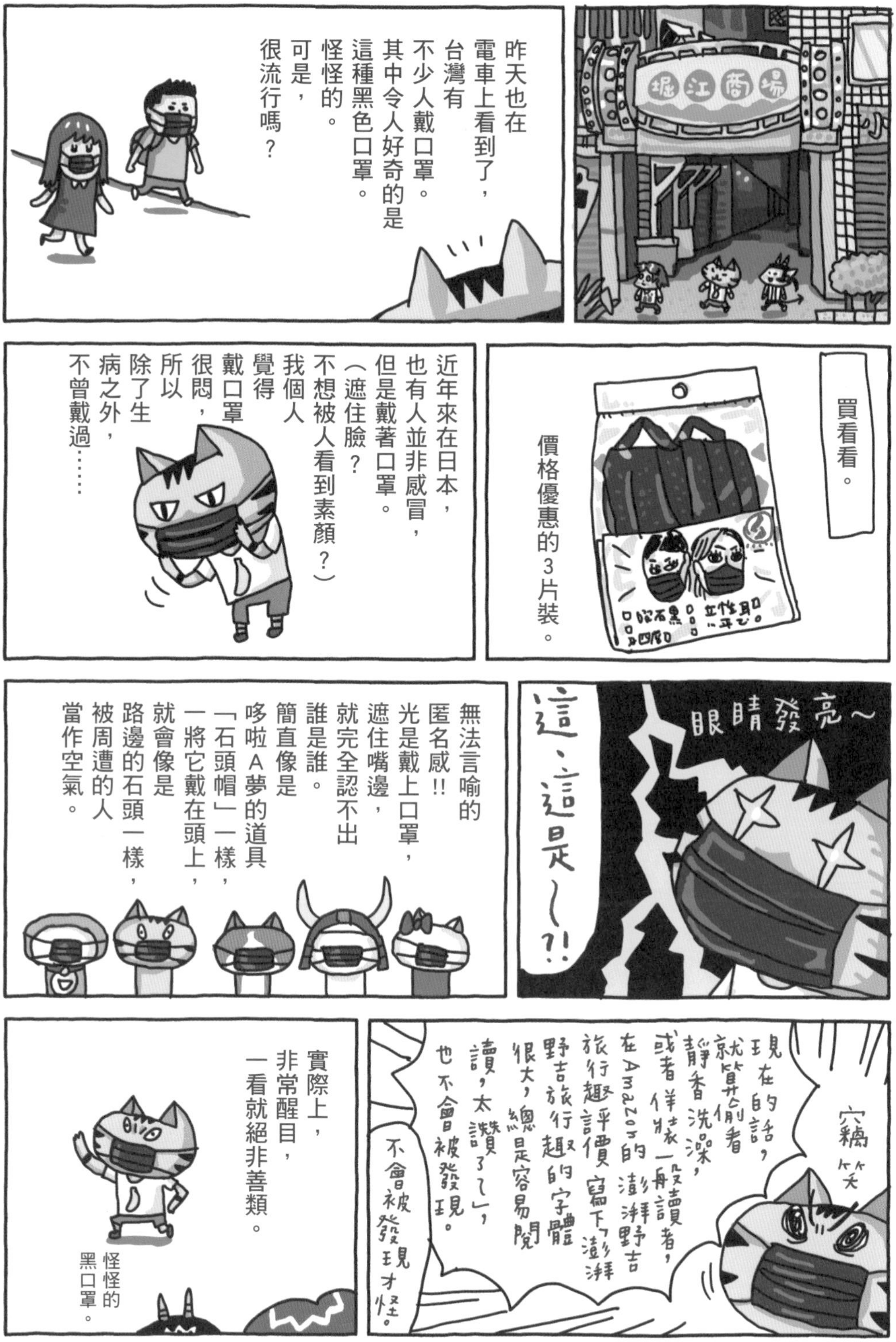
堀江商場
昨天也在
電車上看到了，
台灣有
不少人戴口罩。
其中令人好奇的是
這種黑色口罩。
怪怪的。
可是，
很流行嗎？
買看看。
價格優惠的3片裝。
近年來在日本，
也有人並非感冒，
但是戴著口罩。
（遮住臉？
不想被人看到素顏？）
我個人
覺得
戴口罩
很悶，
所以
除了生
病之外，
不曾戴過……
眼睛發亮～
這、這是～?!
無法言喻的
匿名感!!
光是戴上口罩，
遮住嘴邊，
就完全認不出
誰是誰。
簡直像是
哆啦A夢的道具
「石頭帽」一樣，
一將它戴在頭上，
就會像是
路邊的石頭一樣，
被周遭的人
當作空氣。
竊笑
現在的話，
就算偷看
靜香洗澡，
或者佯裝一般讀者，
在Amazon的澎湃野吉
旅行趣評價寫下「澎湃
野吉旅行趣的字體
很大，總是容易閱
讀，太讚了」，
也不會被發現。
不會被發現才怪。
實際上，
非常醒目，
一看就絕非善類。
怪怪的
黑口罩。

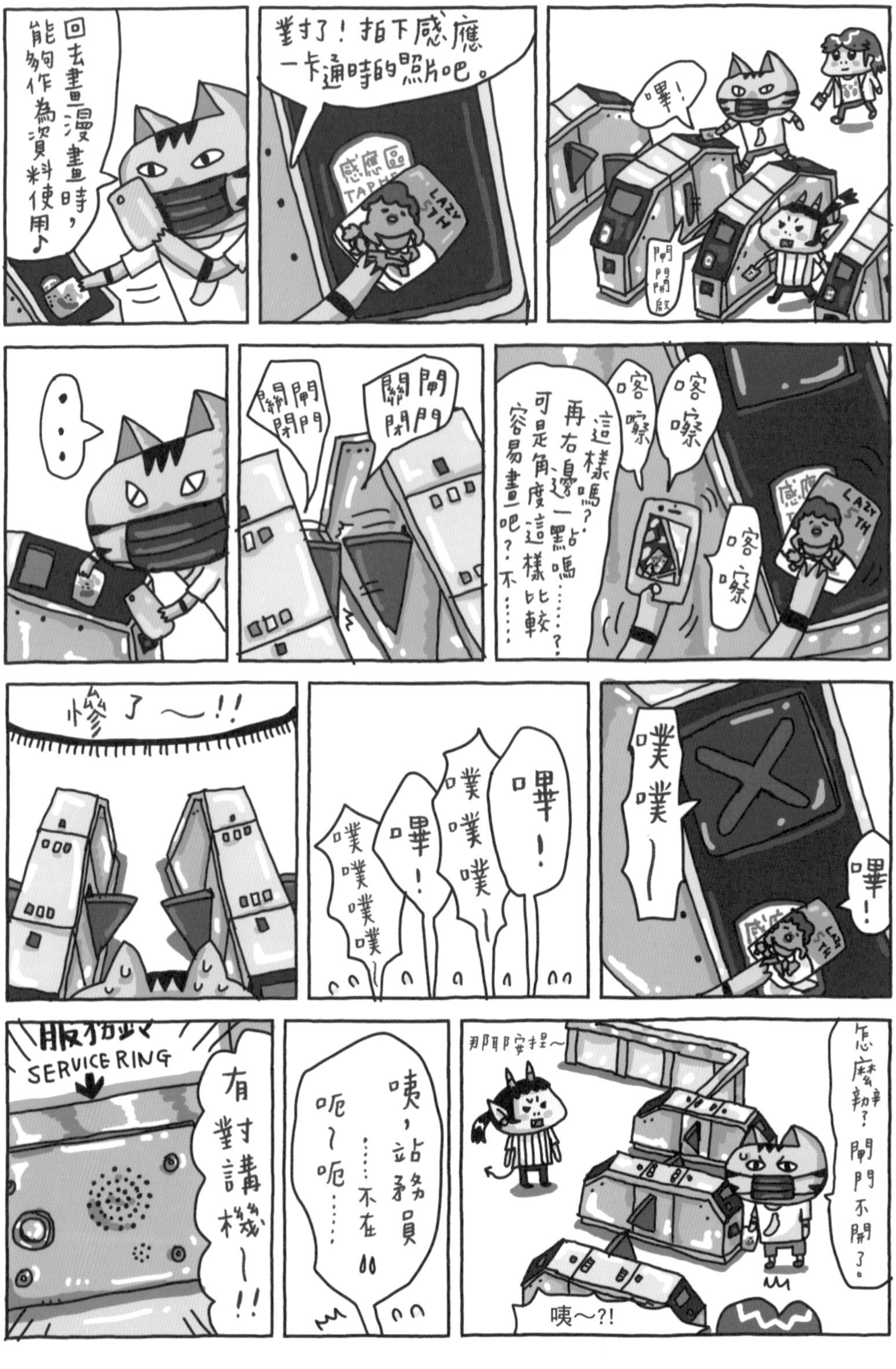
回去畫漫畫時，能夠作為資料使用♪
對了！拍下感應一卡通時的照片吧。
感應區
TAP HE
LAZY STH
嗶！
閘門開啟
…
閘門關閉
閘門關閉
喀嚓
喀嚓
喀嚓
這樣嗎？再右邊一點嗎……？可是角度這樣比較容易畫吧？不……
慘了～!!
噗噗噗噗
嗶！
噗噗噗～
嗶！
噗噗～
嗶！
服務鈴
SERVICE RING
有對講機～!!
咦，站務員……不在
呃～呃……
那耶安捏～
怎麼辦？閘門不開了。
咦～?!

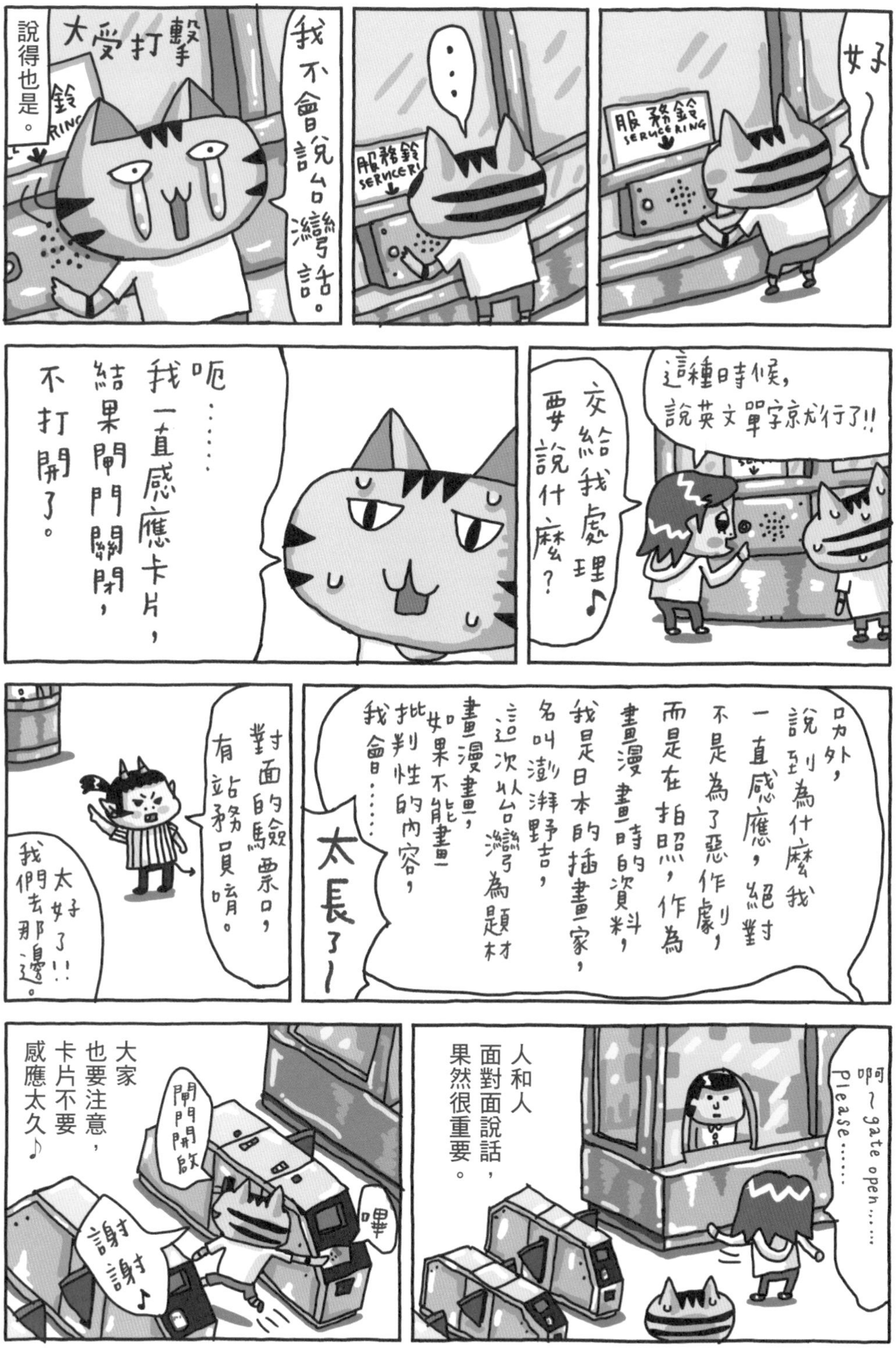
我不會說台灣話。
說得也是。
大受打擊
鈴
RING
…
服務鈴
SERVICE RI
服務鈴
SERVICE RING
好～
呃……
我一直感應卡片，
結果閘門關閉，
不打開了。
交給我處理♪
要說什麼？
這種時候，
說英文單字就行了!!
另外，
說到為什麼我
一直感應，絕對
不是為了惡作劇，
而是在拍照，作為
畫漫畫時的資料，
我是日本的插畫家，
名叫澀湃野吉，
這次以台灣為題材
畫漫畫，
如果不能畫
批判性的內容，
我會……
太長了～
對面的驗票口，
有站務員唷。
太好了!!
我們去那邊。
啊～gate open……
Please……
人和人
面對面說話，
果然很重要。
嗶
閘門開啟
謝謝♪
大家
也要注意，
卡片不要
感應太久♪

哐噹叩咚
美麗島站
美麗島
昨天也在這一站換車，去了夜市。
今天也要在這裡換車，但是站內有知名景點，所以可以去看一下嗎？其實，這個車站……
榮獲紐約客夢想世界中最美的地下鐵站排行榜第2名～!!
我聽不太懂妳在說什麼。
也是啦。
但是，唯一可以確定的一件事是，就算我認同那個排行榜，相川七瀨*應該也絕對不會認同。
還有織田哲郎*也是。
順便問一下，第1名是哪裡？立川嗎？
為什麼是立川……？絕對不是。不過，立川也是個漂亮的車站喂～!!
哇嗚～，好氣派～。真漂亮～♪
它位於站內中央。

譯註：相川七瀨有一首歌叫做〈不願只當作夢的少女〉，而織田哲郎是該歌曲的作詞、作曲及製作人。

光之穹頂
這個確實很美
真適合拍美照♪
作品名稱是〈光之穹頂〉，由義大利的藝術大師創作的玻璃藝術。天花板鑲嵌4500多片彩繪玻璃，所以禁止打棒球（大概）。
寬敞明亮
在光照射下的七彩彩繪玻璃，它呈現出來的奇異夢幻之美，令總是走在流行最先端的紐約客不禁要驚嘆「真的可以當個做夢的少女耶♥」。
目不轉睛～
情緒激動
四目相交
火花四射
發現黑口罩!!
劈里啪啦
看彩繪玻璃啦～!!

左營站
旁邊是新左營站好時尚
左營站
GLOBAL
新左營車站
嗯?也有公車，但是距離感覺走得到……還是用走的吧?
搭公車也行唷。全部搭公車移動也無妨唷。
這一帶也是一樣，高雄的這種古樸感真棒♪非常有味道
正將
冷氣
保養修理
新品買賣
各種電器
冷……電器……修理……看起來是冷氣機!!
那裡好像聚集了一大堆人唷。
人聲鼎沸 人聲鼎沸
是市場嗎?去看看?
3把50
26斤
1粒10
10斤
有好多種蔬菜~
白色苦瓜?!
除了蔬菜和水果之外，也陳列著魚等。
50
保冷方式真隨便啊，喂~!!
對了，沒有香蕉嗎?這次旅行要找的主角，「台灣香蕉」呢?
它不是這次旅行要找的主角，但是如果看到有在賣，就買一下吧。

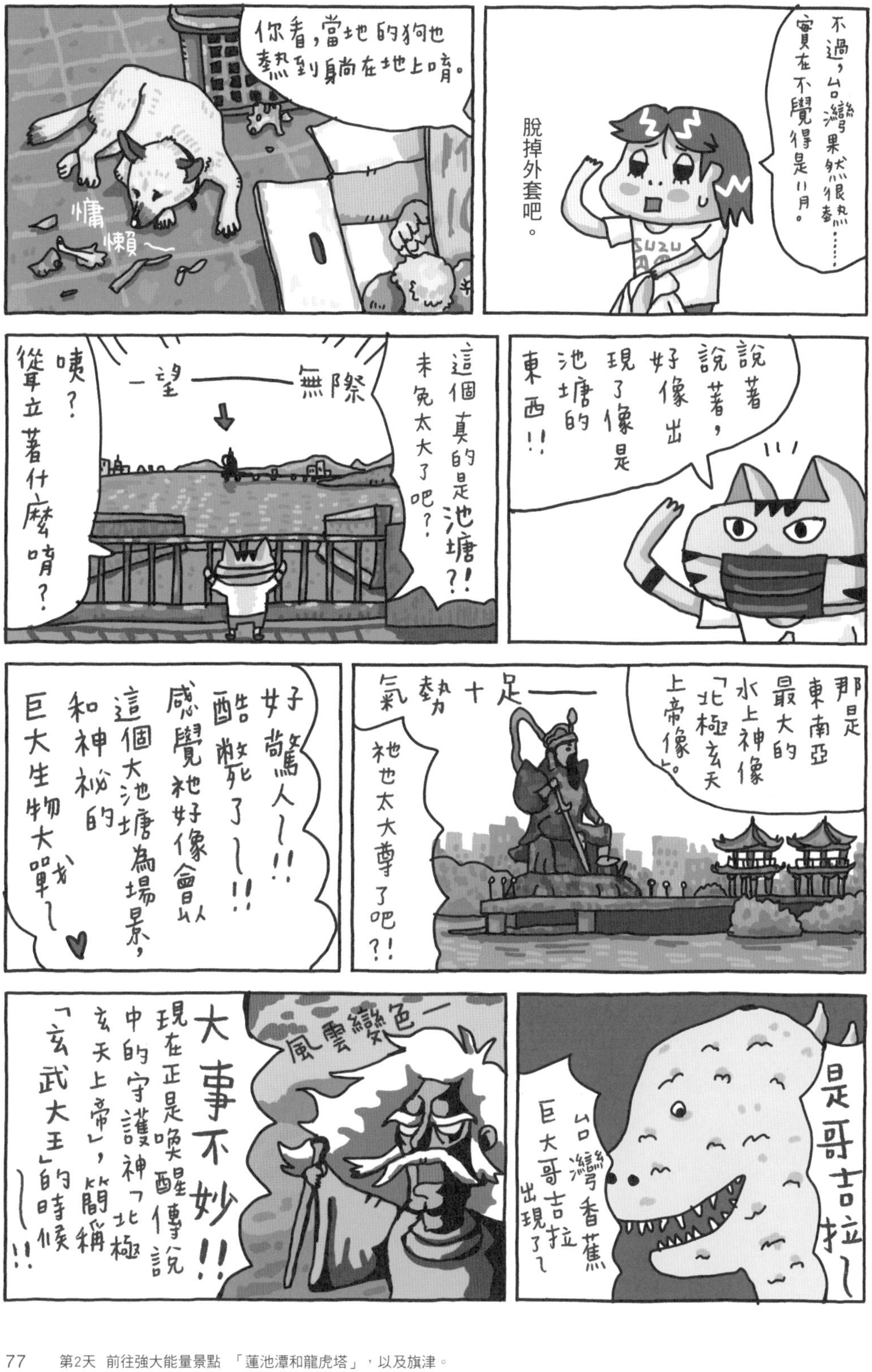
不過，台灣果然很熱……實在不覺得是11月。
脫掉外套吧。
你看，當地的狗也熱到躺在地上唷。
慵懶～
說著，好像出現了像是池塘的東西!!
這個真的是池塘?!未免太大了吧?
一望——無際
咦？聳立著什麼唷？
那是東南亞最大的水上神像「北極玄天上帝像」。
氣勢十足——
祂也太大尊了吧?!
好驚人～!!
酷斃了～!!
感覺祂好像會以這個大池塘為場景，和神秘的巨大生物大戰～♥
是哥吉拉～
台灣香蕉巨大哥吉拉出現了～
大事不妙!!
風雲變色——
現在正是喚醒傳說中的守護神「北極玄天上帝」，簡稱「玄武大王」的時候～!!

一個勁兒地快步走
雨夜花～雨夜花～
受風雨～吹～落地～♪
雙膝跪地
完整唱完自古流傳於台灣的民謠第二段之後，蓮池潭的守護神「玄武大王」就會甦醒。
轟 轟 轟 轟 轟
嘎啦 嘎啦
從遠處看不清楚，但是從輪廓推測，這就是玄武大王!!
瑞氣千條～
噼啪噼啪 嘩啦嘩啦
水邊的特攝最好看了～!!
上啊!!玄武大王～
巨大哥吉拉，別輸!!
好了，走啦～
看清現實～
在台灣，稱摩托車為機車，稱車子為汽車。一樣嘛。
就像是日本的佐藤先生／小姐和砂糖*一樣。
三陽機車
哦！在賣機車。
哦?!
好像有什麼東西，感覺很熱鬧。
蛤?!
糟糕!!

譯註：在日文中，「佐藤先生／小姐」和「砂糖」的發音相同，大概在作者耳裡，「機車」和「汽車」聽起來一樣。

火速衝刺～
停、停下來!!
停止攝影～
Camera Stop～
導演～我代表美術人員，有一個請求!!
剛才明明指到了好畫面，怎樣啦？你說說看。
呃～
恕我失禮，
坦白說，
我以為台灣是一個
香蕉樹茂密生長，
能夠對著
大自然乾杯♪
簡單好畫的地方，
但是實際來了一看
才知道，
精緻的建築物
和雕像四處林立，
簡直就是個令人大叫
Oh My God的國家。
台灣想像圖
而且，這些建築與雕像的細緻，用眼睛看是天堂，用手畫是地獄。光是畫一根柱子，雕刻密密麻麻，超級花時間～真的很辛苦～所以我求求妳。
請讓我使用照片～!!(懇求)
像是接下來要介紹的建築物，真的很要命～我想，沒有遊記用插畫介紹這種東西。我一個人畫不出來嘛!!求求妳～允許我使用照片～
真是拿你沒辦法～那麼，破例給你3次免畫插畫的特權。
噢～才3次～不過，
太好了～♪

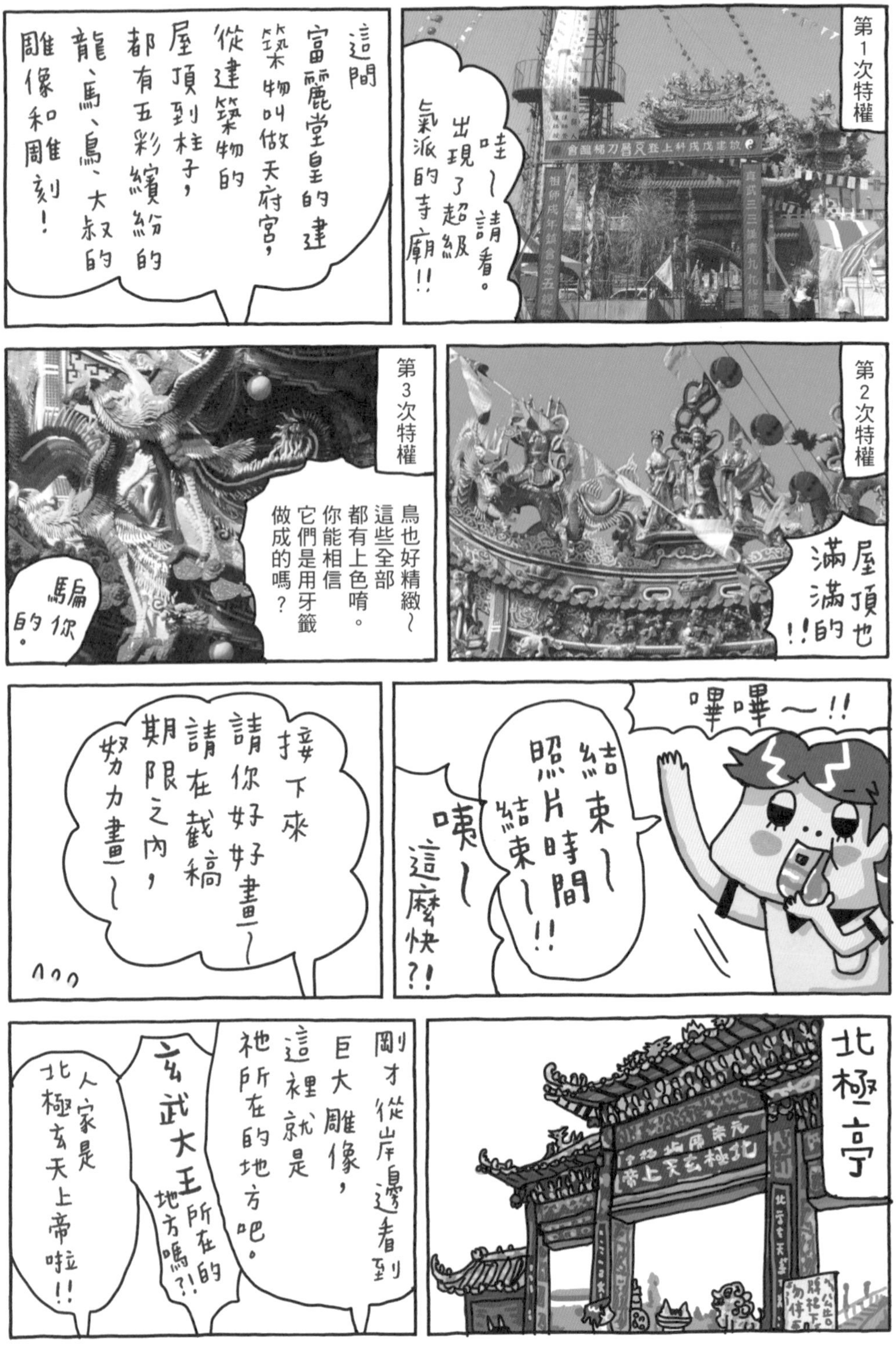
第1次特權
哇～請看。出現了超級氣派的寺廟!!
這間富麗堂皇的建築物叫做天府宮，從建築物的屋頂到柱子，都有五彩繽紛的龍、馬、鳥、大叔的雕像和雕刻！
第2次特權
屋頂也滿滿的!!
第3次特權
鳥也好精緻～這些全部都有上色唷。你能相信它們是用牙籤做成的嗎？
騙你的。
嗶嗶～!!
結束～照片時間結束～!!
咦～這麼快?!
接下來請你好好畫～請在截稿期限之內，努力畫～
北極亭
剛才從岸邊看到巨大雕像，這裡就是祂所在的地方吧。
玄武大王所在的地方嗎?!
人家是北極玄天上帝啦!!

廁所在那邊。
廁所在對面。
亭內到處都有石像，多得不得了。
這傢伙好酷～♪
走在寬闊的亭內，耳邊傳來有點大聲的台灣歌謠。
恰啦啦～
雨無情～♪
無想轉生～♪
嗯？
從那個屋頂底下傳來的唷……
恰啦～♪
哩啦哩啦
要不要去看看？
咦～在唱卡拉OK～?!
重逢高雄港～♪
而且這個露天卡拉ＯＫ擠滿了人，唱歌的人絡繹不絕。雖然有觀眾，但是人人都專注於尋找自己要唱的歌，不太聽別人唱歌。
就在這個時候
恰啦哩啦啦啦～♪
恰恰♪恰啦～♪
咦？這首歌是……
北～野～酒館的～♪祭典～與作～♪
用日文在唱!!
台灣人用日文唱演歌的比例，高得驚人。
北極亭
順道前往北極亭時，請光臨露天卡拉ＯＫ「北極亭」。

通往正前方
玄天上帝的橋兩旁，
林立著滿滿的大石像。
玄武大王
玄天上帝
這些石像叫做
三十六官將，
祂們的名字像是會出現在
《少年JUMP》，
感覺像是守護十二宮的
黃金聖鬥士。
祂們全都騎著
猛獸。
這是老虎吧。
大家果然騎著
感覺很強的猛獸♪
眾多猛獸之中……
?!
這個人騎著奇怪的猛獸～
這是蛇？
鴨子？……便盆？
……我、
我也想
騎著更帥氣的
猛獸啊～!!
最好像是老虎或獅子，
但是睡過頭，
一覺醒來，
只剩下牠了～
接著，
我們抵達了玄武大王，
亦即玄天上帝像的
跟前。
嗯～好高大。
大概比台場的鋼彈
更高大、花俏。
往祂腳下
一看，
好像踩著烏龜和蛇，
原本想要提醒祂一下，
但祂好歹是神明，
於是作罷。
在日本，
也有一句成語
叫做「面對高大的對象，
就讓他踩吧」*，而且不能
說別國神明的壞話。
好痛～
救～救我～

譯註：「面對高大的對象，就讓他踩吧」類似中文的「人在屋簷下，不得不低頭」。

我個人覺得，離這麼遠比較有氣氛，
令人想要「哦～!!」地高聲吶喊。
可是，走近一看，是大叔的臉。
小心我踩扁你～
居然有這種地方!!
發現像是百貨公司頂樓的迷你遊樂園!!
呼～好累。想要稍微坐一下……
氣喘吁吁
基本款的山寨版哆啦A夢♪
基本款的巡邏車～♪
POLICE
POLICE
挺多種遊樂器材的嘛……
呼～終於可以休息一下♪
……這個是遊樂器材？
鯉～魚
不過，其中最令人好奇的是……

丟入硬幣
興高采烈
轟轟隆
轟轟隆
轟轟隆
活蹦亂跳
原來是這樣玩？
魚餌販賣機
一、請投幣10元一枚。
二、請至取出口取出魚餌。
三、紅燈亮表示售完！
餵食樂陶然
魚餌
悄悄探身
下面竟然有鯉魚池。
對面也有雞。
這裡真是什麼都有啊……
游來
游去
哐噹
魚餌
哐噹
嘩啦啦啦
嘩啦
嘩啦
不過，鯉魚在台灣受歡迎到製作這種精緻的鯉魚自動販賣機的程度嗎？

有東西緊緊抓住香爐。
嗯～嗯～
這傢伙是什麼？好可愛啊。喂～♥
線香好細？！
從能夠將池塘盡收眼底的地方，望向對岸，那邊也有高大的雕像。這個池塘是怎樣？
是從後方一直傳來日本的演歌。
橫濱～黃昏～♪日本海～♪
那麼……走吧。
有啊!! 沒繫牽繩的博美犬!!
牠神色自若地在車道旁晃來晃去，令人擔心牠會不會被車撞……
在賣台灣香蕉～!!
香蕉
可是，拿著一串香蕉走路很累，老闆肯不肯只賣我一根呢……
可以嗎？！
OK
真的嗎？小哥，你人真好。♪
有兩種，所以我各買了1根。
短短胖胖
普通尺寸

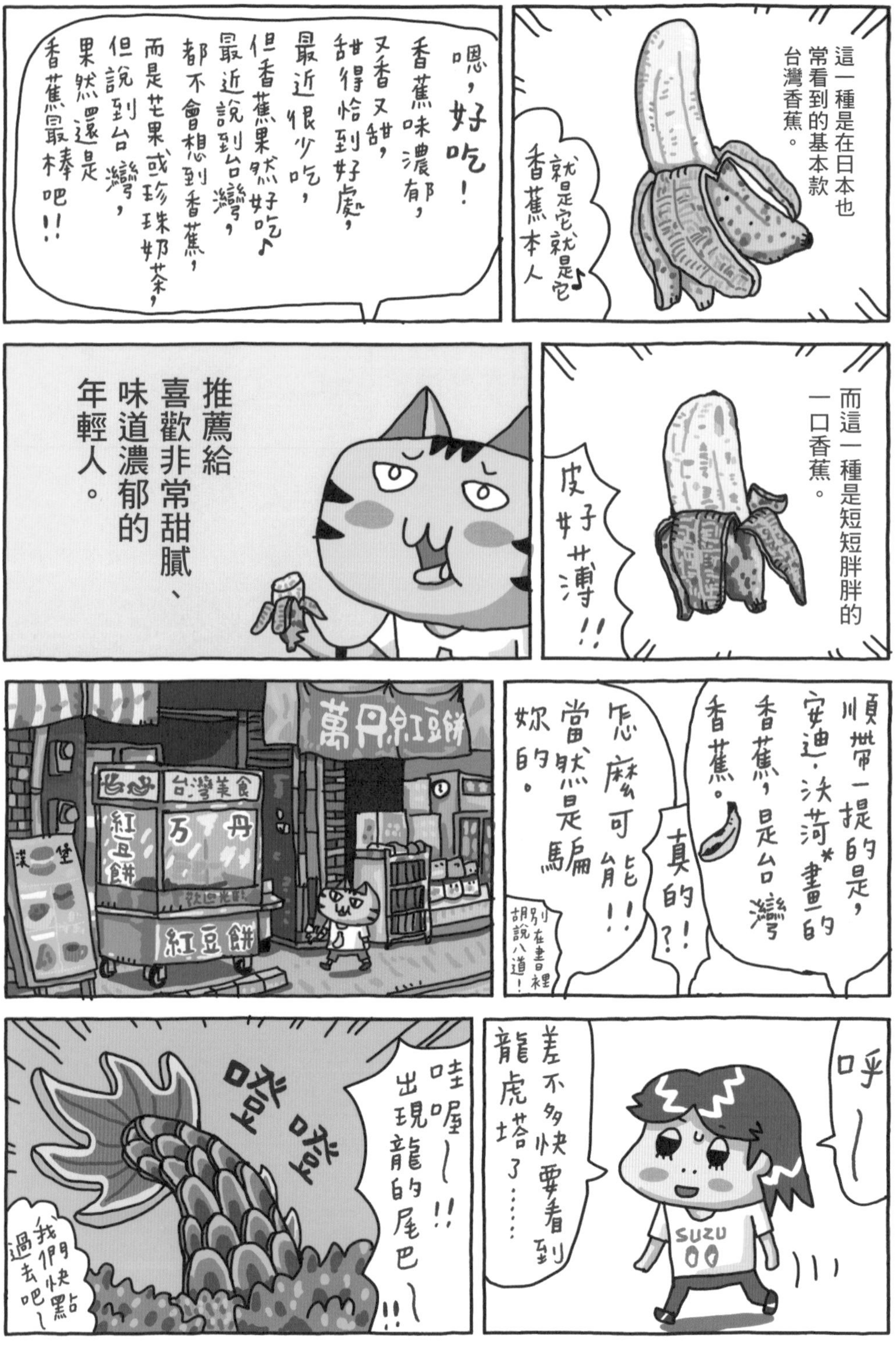

這一種是在日本也常看到的基本款台灣香蕉。
就是它、就是它♪香蕉本人
嗯，好吃！香蕉味濃郁，又香又甜，甜得恰到好處，最近很少吃，但香蕉果然好吃♪最近說到台灣，都不會想到香蕉，而是芒果或珍珠奶茶，但說到台灣，果然還是香蕉最棒吧!!
而這一種是短短胖胖的一口香蕉。
皮好薄!!
推薦給喜歡非常甜膩、味道濃郁的年輕人。
順帶一提的是，安迪・沃荷*畫的香蕉，是台灣香蕉。
真的？!
怎麼可能!!當然是騙妳的。
別在書裡胡說八道！
萬丹紅豆餅
台灣美食
紅豆餅
紅豆餅
呼～
差不多快要看到龍虎塔了……
哇喔～!!出現龍的尾巴～!!
我們快點過去吧～

譯註：安迪・沃荷（Andy Warhol，1928-1987）是美國藝術家，普普藝術的開創者之一。

好大～
快要看到頭了～♪
亮麗登場
咦？
龍虎塔的龍
長得這麼
奇特嗎？
我只瞄了旅遊書
的照片一眼，
但總覺得是
眼睛更細長、
帥氣……
鬍鬚好酷～
整體是這種感覺，咦？
沒有老虎……
啊!!
不對。
這個
不是龍虎塔，
而是它前面的
春秋閣的龍。
春秋閣
為了祭祀
三國志的關羽，
建於1950年代的
遊樂園。
咦？
是遊樂園？
好像相當古老，
但是用色和
塗抹的油漆
像是淺草
花屋敷的
遊樂器材……
是誰重塗的？

那傢伙就是關羽啊……
我想，大概不是。
長相獨特的龍，竟然能夠從它嘴巴進入體內。
要是全長1公里的話，我要中途折返。
裡面是隧道狀，相當長。
牆上畫了一整面色彩鮮豔的畫……
原本以為是畫，但是仔細一看，原來是半立體的浮雕繪畫。
畫的內容看不太懂，但這一帶好像不是愉快的故事。
好恐怖?!
然後，其中有幾尊人偶，令人懷疑浮雕長這樣嗎……？
與其說是半立體，倒不如說是鑲嵌
從屁股逃出!!
逃出生天～
前面有一座長～長的橋，盡頭有一個叫做五里亭的涼亭。
……那個就不要過去了。
好
贊成～

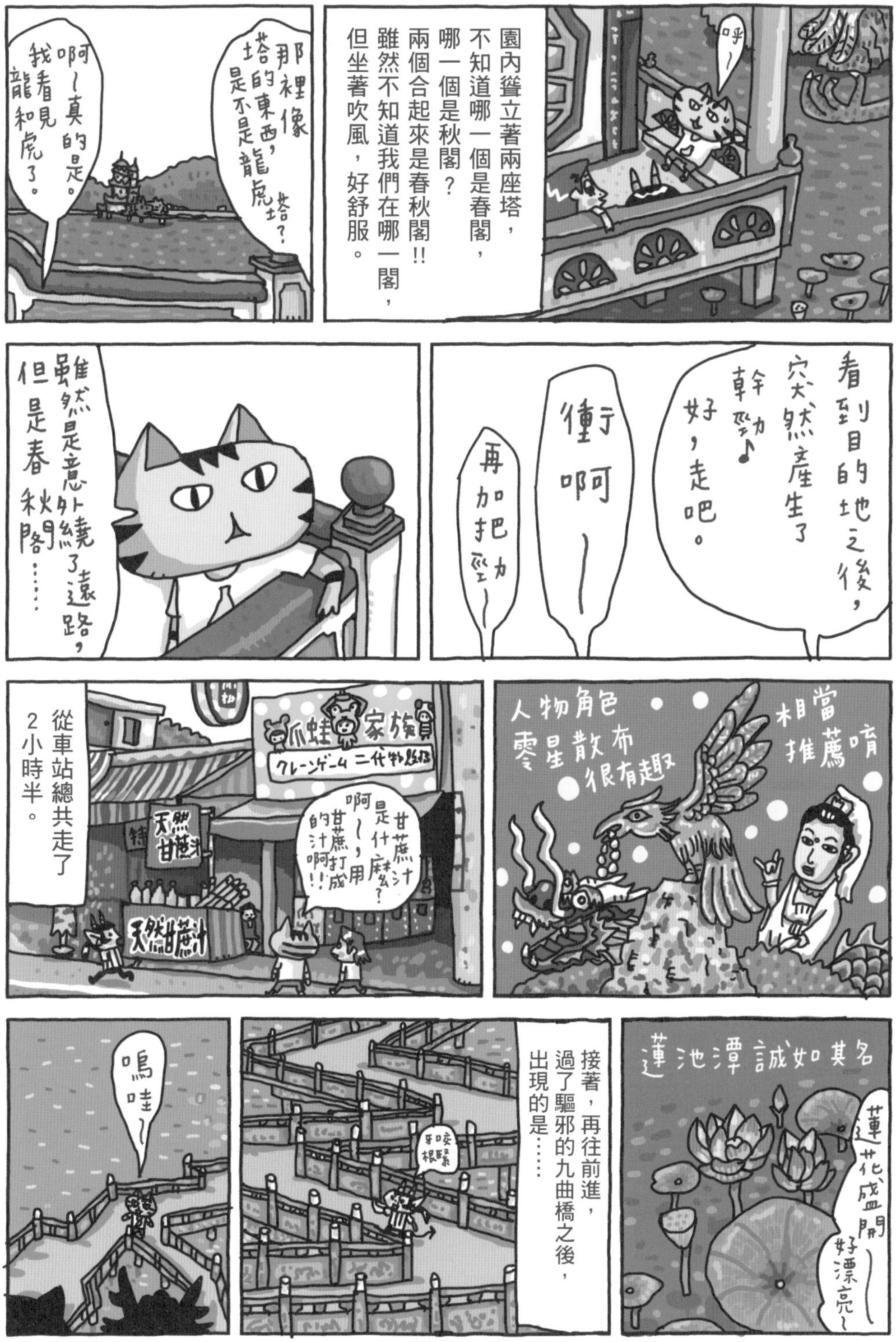
呼～
園內聳立著兩座塔，不知道哪一個是春閣，哪一個是秋閣？兩個合起來是春秋閣!!雖然不知道我們在哪一閣，但坐著吹風，好舒服。
那裡像塔的東西，是不是龍虎塔？
啊～真的是。我看見龍和虎了。
看到目的地之後，突然產生了幹勁♪好，走吧。
衝啊～
再加把勁～
雖然是意外繞了遠路，但是春秋閣……
人物角色零星散布很有趣
相當推薦唷
從車站總共走了2小時半。
爪蛙家族
天然甘蔗汁
甘蔗汁是什麼？
啊～，用甘蔗打成的汁啊!!
天然甘蔗汁
蓮池潭誠如其名
蓮花盛開好漂亮～
接著，再往前進，過了驅邪的九曲橋之後，出現的是……
嗚哇～

龍虎塔
……果然和剛才的傢伙不一樣。該怎麼說呢？表情正常，鬍鬚也沒在搞笑。
剛才的傢伙
仔細一看，這條龍好像也有人從它的嘴巴進入。
我要進去了～
但是反觀老虎，有人從它的嘴巴出來。
我出來了～

讓我說明一下吧!!
來到代表高雄的觀光景點「龍虎塔」的人，一定會遵照
「龍口進，虎口出」
這個參觀規矩。
這麼做之後，會怎麼樣呢……？
所有的罪會被淨化，幸福降臨。
……只好走一趟了。
這種規矩無視等價交換的法則，有好無壞，
而且不費吹灰之力就能達成。
我非做不可。
IN
OUT
親自闖一闖
張大嘴巴～
內部和春秋閣的龍一樣，一整面牆都是立體的壁畫。
和那邊不一樣的是，這邊是以陶器製成，造型、顏色的品質相差懸殊。
這做得真棒～但是內容很可怕……
這邊的距離比較短。
出來了～
好，接下來要從老虎的屁股進入，從嘴巴出來是吧？小Case啦。
你在說什麼啊？還沒爬後面的塔吧？
SUZU 00
不是屁股，而是側腹。

這麼一說，確實有一座塔。
要爬這座塔啊……
高聳
妳們不累嗎？
你不要回去之後，才哭著說漫畫的哏不夠嗆
塔的內部不怎麼大。
中央有旋轉樓梯，
不斷旋轉向上爬。
沒有電梯，請各自努力向上爬。
好累。
而且這座塔在龍和虎的後面，並不醒目，
但是仔細一看……
好華麗
爬上來好累……
畫漫畫不是更累！
啊～看不到。看不到。
如果可以的話，我想要這樣爬。

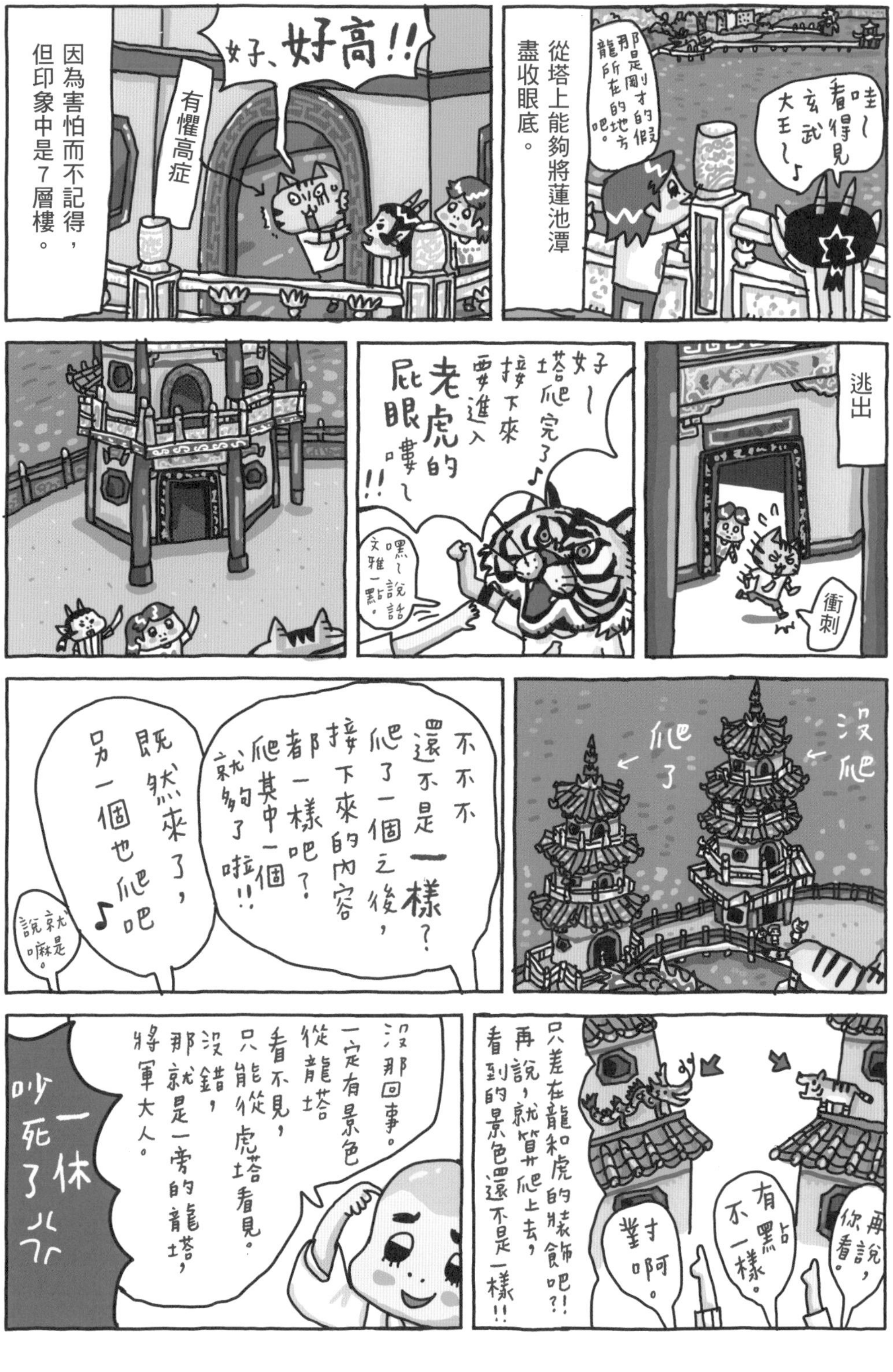
從塔上能夠將蓮池潭盡收眼底。
哇～看得見玄武大王～♪
那是剛才的假龍所在的地方吧。
好、好高!!
有懼高症
因為害怕而不記得，但印象中是7層樓。
逃出
衝刺
好～塔爬完了♪接下來要進入老虎的屁眼嘍～!!
嘿～說話文雅一點。
沒爬
爬了
不不不還不是一樣？爬了一個之後，接下來的內容都一樣吧？爬其中一個就夠了啦!!
既然來了，另一個也爬吧♪
就是說嘛。
只差在龍和虎的裝飾吧?!再說，就算爬上去，看到的景色還不是一樣!!
有點不一樣。
再說，你看。
對啊。
沒那回事。一定有景色從龍塔看不見，只能從虎塔看見。沒錯，那就是一旁的龍塔，將軍大人。
一休吵死了

我不要～
我不要～
難道妳們去認識的平田先生家玩，告辭之後，假如隔壁有同樣造型新建住宅，而住在其中素未謀面的田中先生在家，妳們也會上門叨擾嗎～？
不會吧～?!
妳們不會去陌生人家吧～?!
這傢伙!!
我和住在龍塔的龍先生是經過肚子（推心置腹）的交情，但是虎先生還沒給我看過肚子內部，是生疏的關係～，所以我認為，要去他家還太早～♥
那麼，我在出口等妳們～♪
澎湃野吉落跑了。
急忙跳出!!
老虎的內部和龍一樣～於是……
澎湃野吉的罪被淨化了。
閃閃
發亮
我感覺得到。
我感覺得到唷！
目前為止沒有遵守漫畫截稿期限的所有罪都消失了。
現在，我能夠大聲說，我從來沒有遲交。
我說謊，對不起。
哈～好累。
她們兩個真能爬～
服了她們了。
挖鼻孔

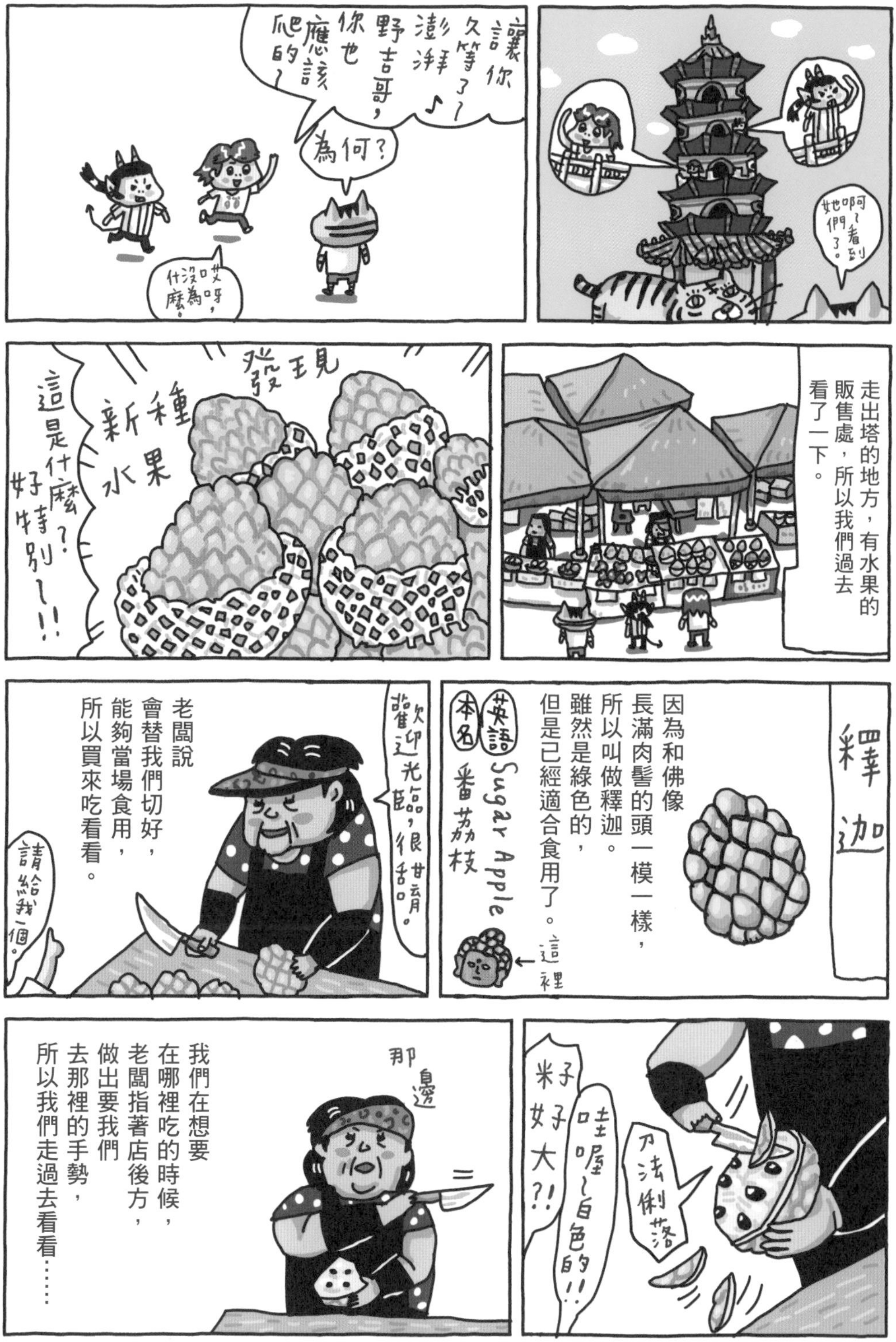
啊~看到她們了。
讓你久等了~澎湃野吉哥，你也應該爬的~
為何？
哎呀，沒為什麼。
走出塔的地方，有水果的販售處，所以我們過去看了一下。
發現新種水果
這是什麼？好特別~!!
釋迦
因為和佛像長滿肉髻的頭一模一樣，所以叫做釋迦。雖然是綠色的，但是已經適合食用了。
這裡
英語 Sugar Apple
本名 番荔枝
歡迎光臨，很甜喔。
老闆說會替我們切好，能夠當場食用，所以買來吃看看。
請給我一個。
刀法俐落
哇喔~白色的!!
籽好大?!
我們在想要在哪裡吃的時候，老闆指著店後方，做出要我們去那裡的手勢，所以我們走過去看看……
那邊

那裡可以坐唷。
咦～才買一個而已，居然還親切地提供店後方的桌椅給我們用嗎～？謝謝～♪
請用。
籽好大吔～
顏色樸素，感覺不怎麼好吃……
脆口
好吃!!
這個超好吃!!
真的好甜！
該怎麼形容呢？相對於樸素的外觀，風味多元。有像是水蜜桃的淡淡香氣，以及水梨般的爽脆口感，然後在口中綿密地化開，香甜濃醇。這是從來沒有吃過的味道!!
吐籽
吐籽
吐籽
籽很大，容易吐出來，方便食用♪
再多也吃得下。這個正對我的味，希望在日本也有賣。
狼吞虎嚥
卯起來吃
吃個不停
用力吃拼命吃
咚

免費贈送，不用錢。這是水果乾，很好吃。請吃、請吃♪
咦～這怎麼好意思～♥
察覺到了
哎呀～，真幸運啊～♪那麼，我就不客氣了。
沒察覺到
大口大口吃
花生。
咚～
請吃。
謝謝花生～
咦－?!黑色的?!
黑金剛
台灣的優質花生，皮黑，香氣十足。
剝殼的時候，會大吃一驚，適合作為伴手禮♪
?
窸窸窣窣
一包100元就好♪
你說什麼?

取材前

說到台灣，只會想到台灣香蕉的作者是這麼想的。

澎湃野吉旅行趣 企劃會議①
……所以，我現在有點傷腦筋的是，台灣篇的封面顏色……
說到對台灣的印象，我覺得應該是紅色，但紅色在大阪篇用過了，所以我在想，有沒有其他合適的顏色呢……
大阪
旅ボン
叮～
妳胡說八道什麼？說到台灣，當然是香蕉吧？
澎湃野吉旅行趣 企劃會議②
另外，這次封面的澎湃野吉玩偶裝要怎麼辦，也很傷腦筋……
廣受歡迎的是
珍珠奶茶
或者芒果冰
叮～
妳胡說八道什麼？說到台灣，當然是香蕉吧？

心裡有話不說的人

因此，前往台灣取材前認真思考的

幼稚台灣篇封面

原本似乎想寫夢幻

是這個!!

旅ボン
台湾バナナ編
ボンボヤージュ
シリーズ第7弾！
台湾の奥地に住む
幻の原始猿人バーゴンが
守る伝説のバナナを追え！！
極上のバナナを求め
我々はジャングルに
分け入る！！
熱帯ジャングル2400km走破！
旅ボン
台湾バナナ編
ボンボヤージュ
主婦と生活社

香蕉——♪

欸，吃了那麼多，不買也不行。
李子乾
前面有商品琳瑯滿目的大型博物館，我們走到那裡，結束今天的行程吧。
這樣大概是繞行池塘半圈，繞行一圈實在太辛苦。
發現穿著花俏褲子的熊本熊。
高雄市的吉祥物「高雄熊」。
口渴了，我想喝冰涼的珍珠奶茶
……
哦！好吧～♪那裡有店，我們去買吧。澎湃野吉哥，你要喝什麼？
我不喝，妳們去吧。我坐在那棵樹下等妳們。
是喔～
疲憊的老人家，最需要的是坐著休息～
振作一點!!
我們會連你的份也買過來的

昨天喝過，今天又喝!!奶茶香甜，珍珠Q彈的
珍珠奶茶
今天的也好好喝♥
而給老人家的是這個。
那還用說，在日本也引發風潮。
富含維他命C，清爽的金桔檸檬汁。
酸的飲料有助於消除身體疲勞。
吸
比紫色夢幻好喝一萬倍!!
對吧、對吧喝了它，打起精神來!!♪
哈——…
今天也走了好多路……
還要走很多路就是了"
對了，在龍虎塔被淨化的感覺如何？雖然沒有遵守截稿期限的罪不會消失。
那還用說，身心獲得洗滌，煥然一新♪
或許是心理作用，總覺得連肌膚也變得光滑。
喏，妳看。

啪嗒
被鳥屎直接擊中了—!!
珠頸斑鳩
吧嗒吧嗒
脖子上有奇特花紋的鳥。個性落落大方,即使拉屎在人的手臂上,也毫不在意。
可惡
好厲害!!簡直是奇蹟。剛被淨化,馬上就被弄髒了!!
哎呀,也可以認為是沾到了屎運……
閉嘴 面紙拿來!!
物產館
池塘周圍築有步道,非常適合散步。
音色悠揚♪
咦~ 他在吹~橫笛?!
如果是在日本,常常看到有人在公園彈吉他,但是在公園吹橫笛很新奇。
音色悠揚~♪ 音色悠揚~♪
那不是橫笛,而是竹笛。是台灣的傳統樂器唷。
又稱為中國笛。

好好聽!! 實際上，音色一點也不悠揚，而是引發鄉愁的柔和音色～真想隨書附錄CD～
音色柔美～
這時，突然從背後傳來謎樣的歌聲?!
花落土～花落土～♪
有誰人通看顧～♪
配合笛聲？出現一位唱著當地民謠（？）的大嬸!!
無情風雨～誤阮前途～～♪
音色哀愁
音色哀愁
不但如此……
啪啪啪啪啪啪啪啪
一名正在健走的男子開始獻上掌聲!!
啪啪啪啪啪啪啪啪
這個即興公園音樂會是怎樣？不過……
挺好的♪
美好的共鳴感，令人感動!!
啪啪啪啪啪啪啪啪
原本以為是這樣，但……
啪啪～
並不是！他只是在拍手健走～!!
雖然我不確定。
啪～啪～啪～

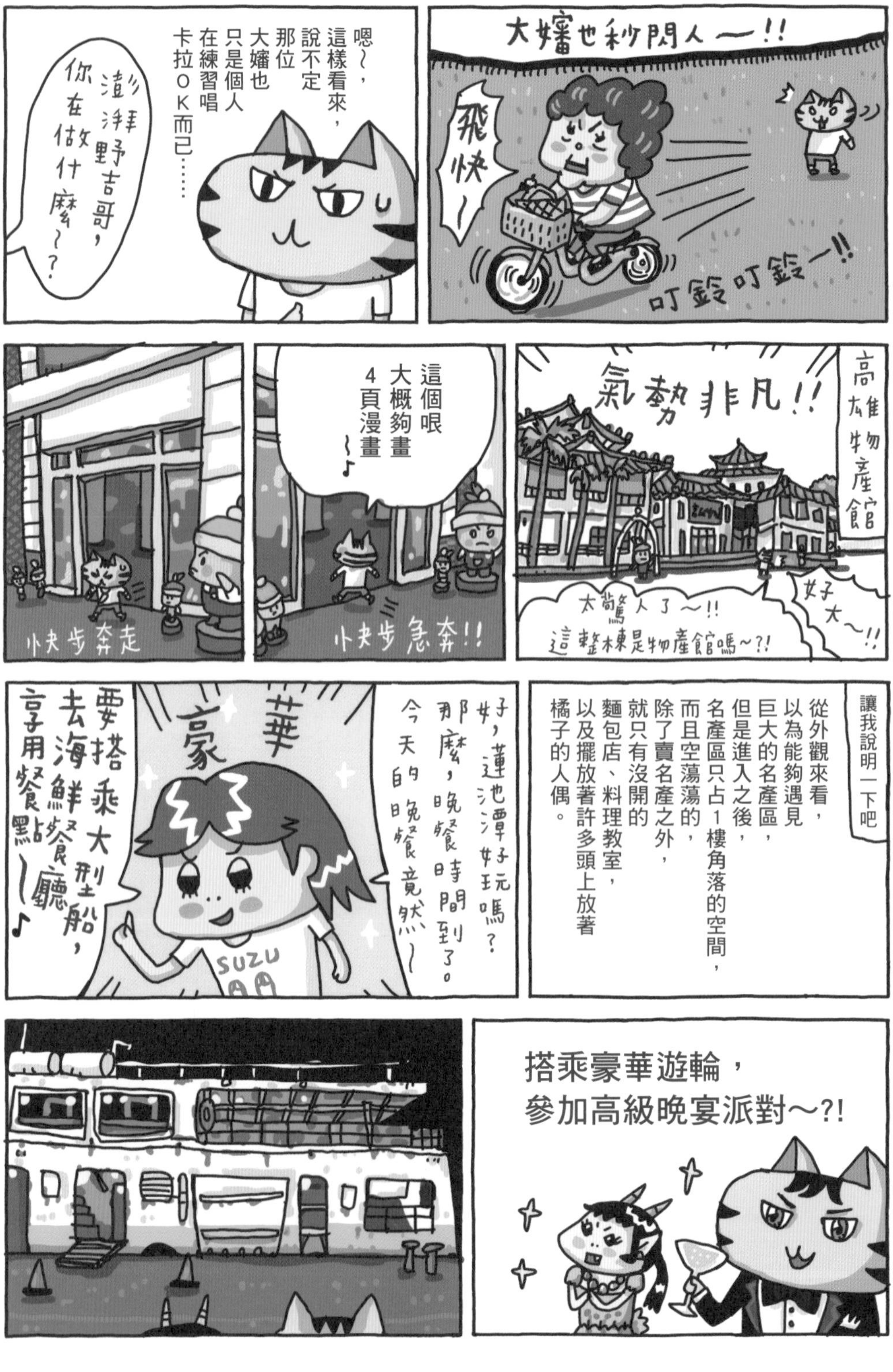
大嬸也秒閃人—!!
飛快～
叮鈴叮鈴—!!
嗯～，這樣看來，說不定那位大嬸也只是個人在練習唱卡拉ＯＫ而已……
澎湃野吉哥，你在做什麼～？
高雄物產館
氣勢非凡!!
太驚人了～!!
這整棟是物產館嗎～?!
好大～!!
這個哏大概夠畫4頁漫畫～♪
快步急奔!!
快步奔走
讓我說明一下吧
從外觀來看，以為能夠遇見巨大的名產區，但是進入之後，名產區只占1樓角落的空間，而且空蕩蕩的，除了賣名產之外，就只有沒開的麵包店、料理教室，以及擺放著許多頭上放著橘子的人偶。
好，蓮池潭好玩嗎？
那麼，晚餐時間到了。
今天的晚餐竟然～
豪華
SUZU
要搭乘大型船，去海鮮餐廳享用餐點～♪
搭乘豪華遊輪，
參加高級晚宴派對～?!

車車車
轉轉轉轉轉～
車轉嗚～
車轉嗚～
這個……不是豪華遊輪。
大失所望～
載浮載沉～
不過，從渡輪看到的夜景挺夢幻的～♪
旗津半島
從本島搭乘渡輪5分鐘，即可抵達的島。海鮮料理店和各種攤販林立，白天來也保證樂趣無窮，能夠參觀寺廟、逛市場、搭乘人力三輪車，而且聽說夕陽美不勝收。
本島
旗津島
一轉眼就抵達了。
主要賣的是海鮮料理，路上的店家櫛比鱗次，攬客的大叔用日文問我：要不要吃海鮮？
要不要吃海鮮？♪
活海產
海活海產

海鮮底下鋪滿了冰塊
店頭擺滿了看似當天捕獲的新鮮海鮮
旗津海產店
到處都是海鮮店，不知道哪一家好吃，就這家吧。
有在日本常見的魚和貝類，
也有一些從來沒看過的海鮮。
哇!!有牡蠣。
譬如說……
告訴老闆想吃的食材，老闆就會問要火烤、水煮或清蒸，三選一之後，就會做成主廚料理端上桌。
火烤？水煮？清蒸？
這個
那麼，火烤。
NO—!!
咦~~青、青蛙是海鮮嗎?!
要吃看看？
蹦吉*—!?
啊—

譯註：蹦吉是出現於漫畫《根性青蛙》的主角青蛙。

啊——
是你啊~
怎麼了~?!那邊也有怪東西嗎~?
嗯？鳥？鸚鵡？
我聽說青蛙吃起來像是雞胸肉，很好吃，可是外觀令人退避三舍……
啊—

點完菜，坐在中央有轉盤的中式餐桌，
既然如此……
18 DAYS!!
先來杯啤酒!!
聽說這款啤酒的保存期限，竟然只有短短18天!!
台灣的啤酒杯好小!!
DRAFT BEER
ONLY 18 DAYS
TAIWAN BEER
接著，介紹不確定是什麼的料理♪
用薑和醬油清蒸蝦子
烤紅色的魚
像是花枝八寶菜的料理
清淡的魚湯
酥炸小魚？
鹽
用不知名的貝類煮的麻辣料理
宋啦～!!
入喉清爽的淡啤酒。
真想也喝看看19天的。
味道會差很多嗎？
那麼，我要開動了～
嗯，好吃♪
因為不是生魚片，
所以吃不出來
是不是非常新鮮，
但是花枝好吃得不得了。
而且不是肉料理，
所以沒有
那個八角的味道。
這是在日本也
常吃到的味道吧～
剝蝦子很麻煩……
狼吞虎嚥……

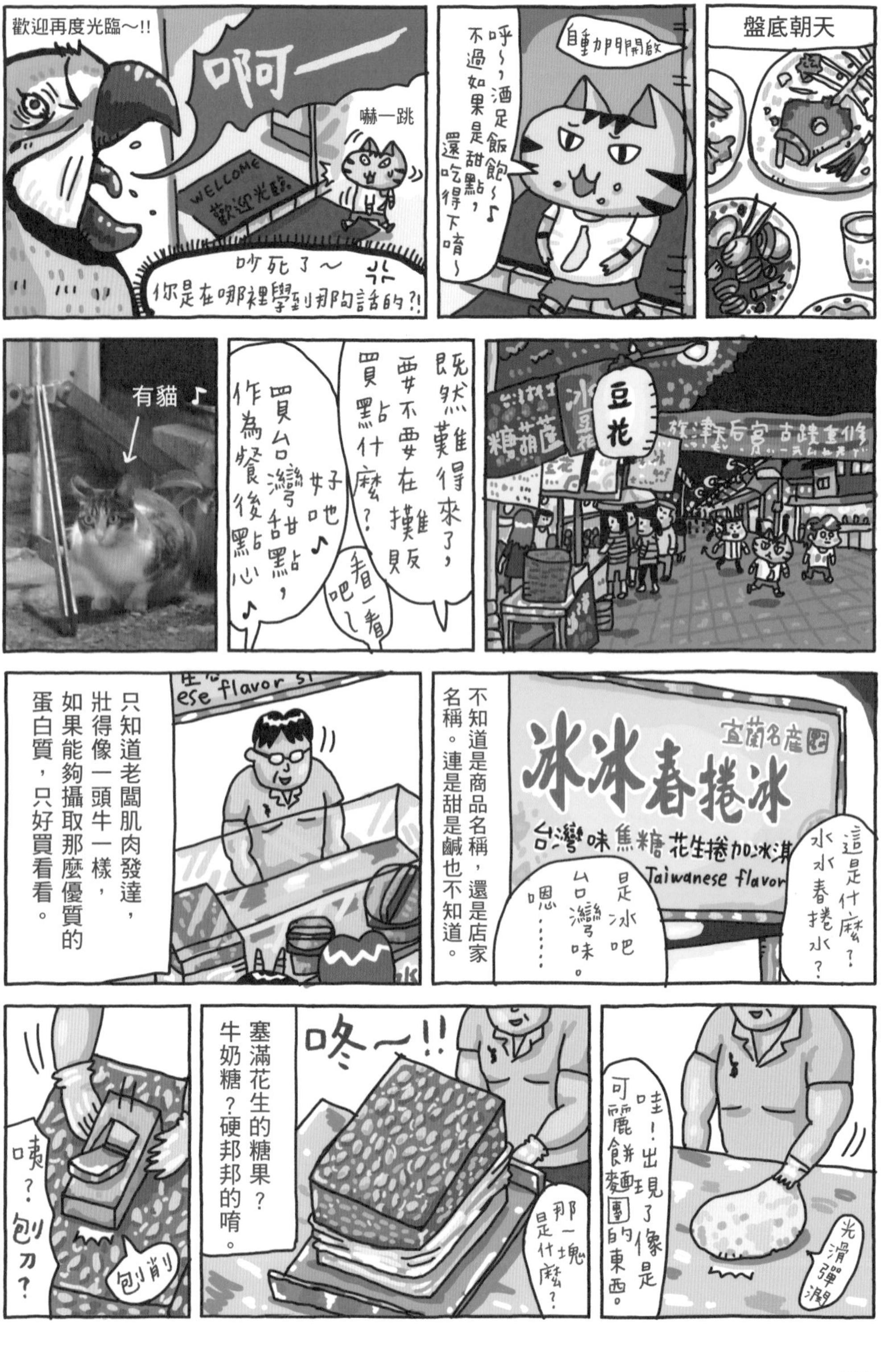
歡迎再度光臨～!!
啊——
嚇一跳
WELCOME
歡迎光臨
吵死了～
你是在哪裡學到那句話的?!
自動門開啟
呼～，酒足飯飽～♪
不過如果是甜點，
還吃得下唷～
盤底朝天
有貓♪
既然難得來了，要不要在攤販買點什麼？
看一看吧～
好吧♪
買台灣甜點，作為餐後點心♪
豆花
糖葫蘆
旗津天后宮 古蹟重修
只知道老闆肌肉發達，壯得像一頭牛一樣，如果能夠攝取那麼優質的蛋白質，只好買看看。
ese flavor
不知道是商品名稱，還是店家名稱。連是甜是鹹也不知道。
宜蘭名產
冰冰春捲冰
台灣味焦糖花生捲加冰淇
Taiwanese flavor
這是什麼？冰冰春捲冰？
是冰吧
台灣味。
嗯……
咦？刨刀？
刨削
塞滿花生的糖果？牛奶糖？硬邦邦的唷。
咚～!!
哇！出現了像是可麗餅麵團的東西。
那一塊是什麼？
光滑彈潤

不停地刨
用力地刨
哇~老闆在刨削~!!
原來這就是他肌肉發達的原因啊~!!
嘩啦~
倒在麵團上~!!
撒上
撒上了蔥?!
韓式海鮮煎餅?大阪燒?
註 是香菜。
撒上香菜，代表它是不甜的點心嗎？
澎湃野吉哥，
你敢吃香菜嗎？
我印象中，你不敢吃。
香菜是少數
我愛吃的辛香料。
我在家裡也用花盆種，
但是被狗尿尿，枯萎了。
……
滾動♪
確定是甜點
咦~，放上了冰淇淋~!!
動作輕快迅速
摺疊之後，再捲起來~
完成
請用♪
謝謝
大口咬下
香菜——!!!
氣味強烈——
?!
可麗餅的Q彈口感
配上現削的花生，
令我想說
「花生香和冰淇淋
簡直是絕配……」
但是香菜
太過搶戲，味道和香味
全部是香菜~
我雖然喜歡香菜，
但是甜的可能
有點沒辦法~
回去本島
好冷

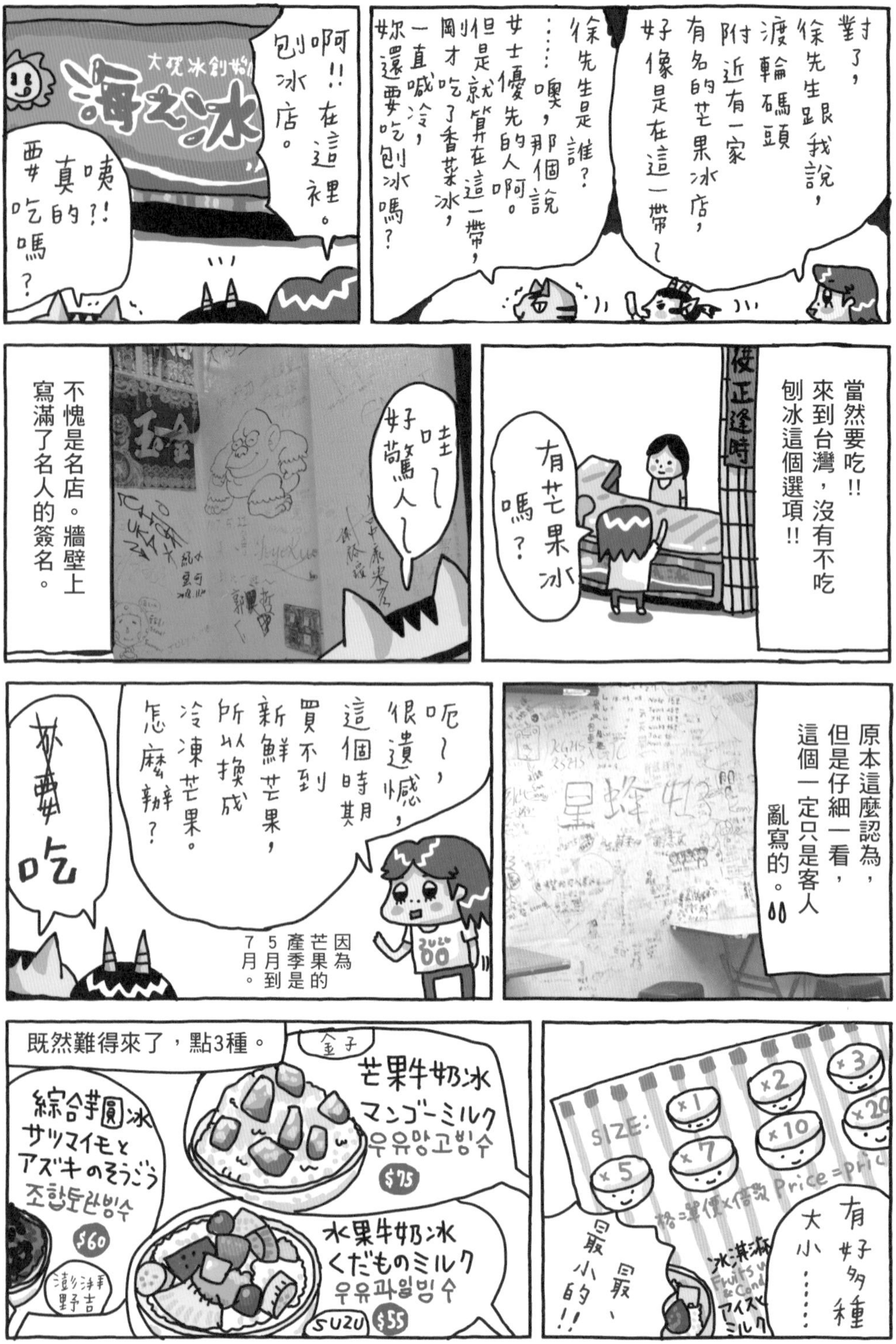

對了，徐先生跟我說，渡輪碼頭附近有一家有名的芒果冰店，好像是在這一帶～
徐先生是誰？……噢，那個說女士優先的人啊。
但是就算在這一帶，剛才吃了香菜冰，一直喊冷，妳還要吃刨冰嗎？
海之冰
啊!! 在這裡。刨冰店。
咦?! 真的要吃嗎？
當然要吃!! 來到台灣，沒有不吃刨冰這個選項!!
有芒果冰嗎？
哇～好驚人～
不愧是名店。牆壁上寫滿了名人的簽名。
原本這麼認為，但是仔細一看，這個一定只是客人亂寫的。
呃～，很遺憾，這個時期買不到新鮮芒果，所以換成冷凍芒果。怎麼辦？
因為芒果的產季是5月到7月。
妳要 吃
SIZE:
×1
×2
×3
×5
×7
×10
×20
有好多種大小……
最、最小的!!
既然難得來了，點3種。
金子
芒果牛奶冰
マンゴーミルク
우유망고빙수
$75
綜合芋圓冰
サツマイモとアズキのそうごう
조합토란빙수
$60
水果牛奶冰
くだものミルク
우유과일빙수
SUZU
$55

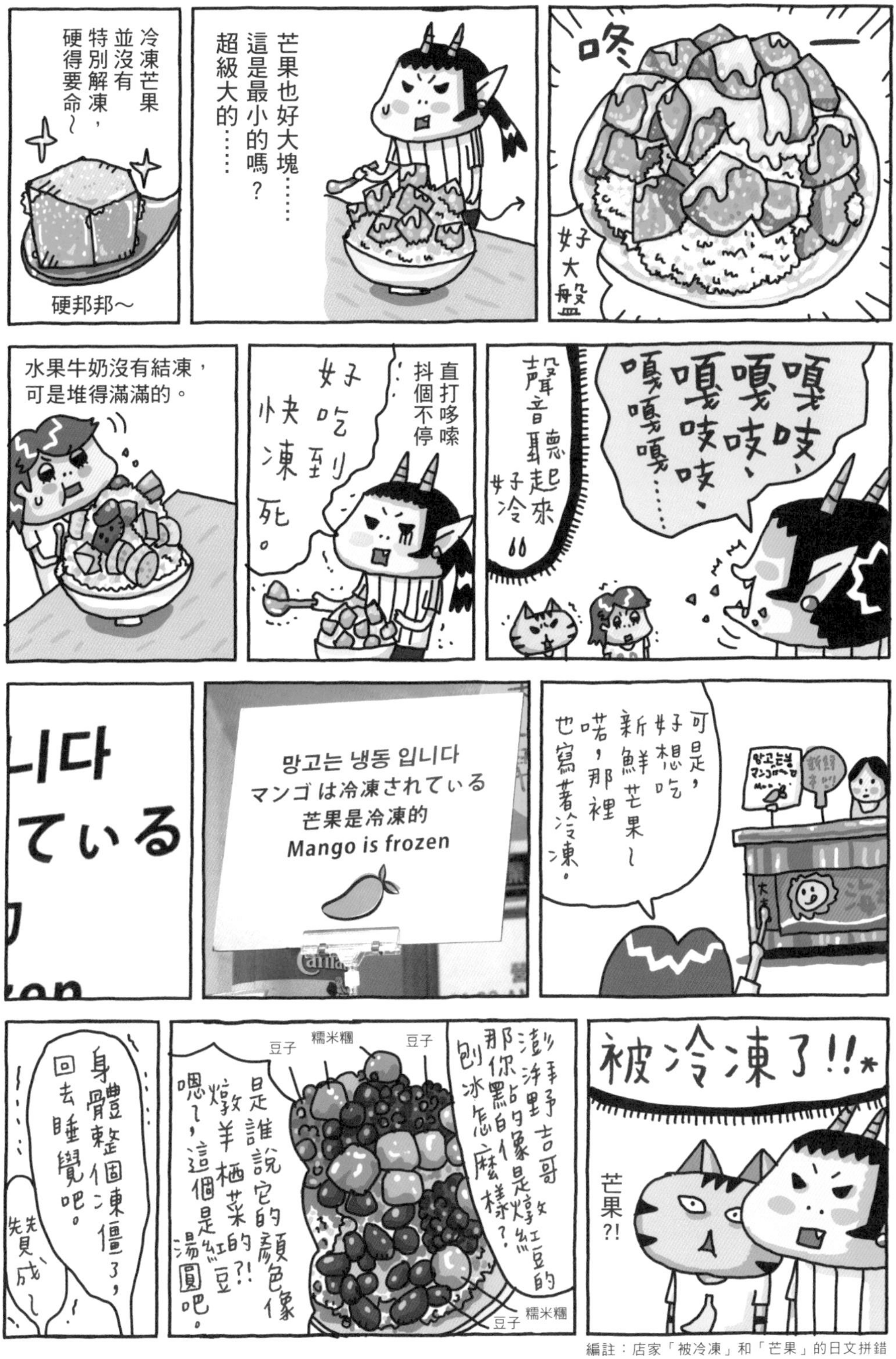

編註：店家「被冷凍」和「芒果」的日文拼錯了，讓澎湃野吉一行人嚇了一跳。

別亂寫!!

高雄兩大~~令人失望~~景點
不，沒那回事!!漫畫

高雄物產館

建築物很大，
但是沒想到內部空蕩蕩的，令人好奇是怎麼一回事……
空蕩蕩——
我認為，商品種類並不少。
而且也能進入鳳梨♪

高雄85大樓

這就是台灣目前第2高的大樓「高雄85大樓」!!
高聳入雲～
很高吧～？
好高唷。
從74樓的觀景台望出去的景色，美到爆～!!
明明是85大樓，但是觀景台在74樓嗎……
特別推薦的是這片美麗的夜景✕
74F觀景台 View Deck
真的好漂亮～♥
霧茫茫——
但是因為霧霾而看不清楚。
……

大家也務必去看看唷!!

大家千萬別錯過!!漫畫

回國調查才知道①

待在高雄時，飯店隔壁店家的招牌令人好奇……
高雄漢王洲際飯店
高雄……
婆婆……水？
婆婆婆水……
婆婆……
高雄婆婆冰
創立於一九三四年（旗艦店）
天啊～
高雄婆婆水?!
好恐怖!!
我假裝沒看到，但是……
咦～
原來是刨冰名店
傳承80年老店
芒果冰名店!!
一定要去高雄婆婆冰!!

應該唸高雄婆婆冰才對。

回國調查才知道②

這是進入春秋閣的龍內部時的事，
在通道的途中，有這種東西……
它在四周的展示品中，顯得非常格格不入，我以為是園內的工作人員拿出備品，忘記收起來，對它視而不見，但是……
真是的
收好嘛～
咦咦～
原來是長生不老之水
春秋閣的龍內部，有被稱為「甘露水」的長生不老之水，能夠飲用。

話說回來，長生不老之水
會裝在塑膠桶嗎～？

街道的懷舊感，感覺很棒。

左營站前面的超猛平交道。

美麗島站的天花板，超級色彩繽紛♪

北極玄天上帝像有夠高大。

也瞄到了孔子廟唷。

池塘的對面也有東西……

冰很好吃，但是好貴……

你好！打擾了～

雕像內部的氣氛和外觀截然不同唷。

香蕉～♪小的超好吃。

接近全黑的香蕉正適合吃。

蓮池潭誠如其名，充滿蓮花。

Photo diary 照片日記

終於看見了龍虎塔！

令人想拍照的普普藝術。

春秋閣的龍的鬍鬚捲翹。

龍塔到處都有龍的裝飾。

龍與我。

老虎與我。

哇！發現戴著黑色口罩的澎湃野吉哥。

呼～挺累的唷。

也就是說，虎塔有老虎吧？

這個非常好吃！

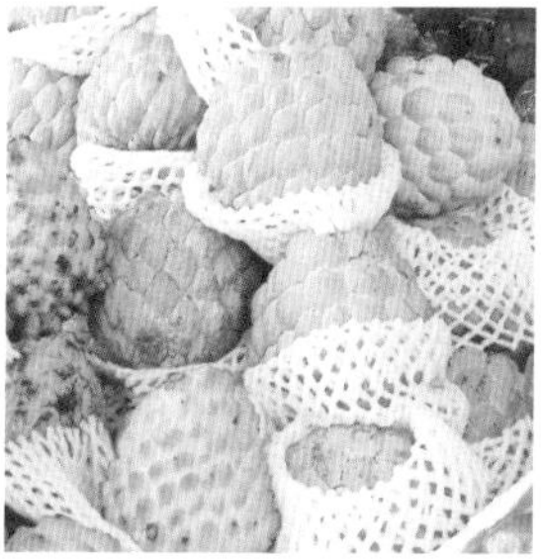

釋迦頭！果然很像！

蓮花到處盛開。

從渡輪能夠看見剛才的摩天大樓唷。

搭乘渡輪，前往旗津！

在高雄85大樓這棟摩天大樓看到的夕陽。

保存期限18天的啤酒，味道清爽。

街上到處都有水果店。

渡輪碼頭挺美的。

看到此時，味道仍是個謎……

暫時觀察販售神祕食物的攤販。

狂吃海鮮，好便宜啊～

可是，最後吃了刨冰。

吃到肚子好撐，回飯店去～

我吃吃看味道如何～

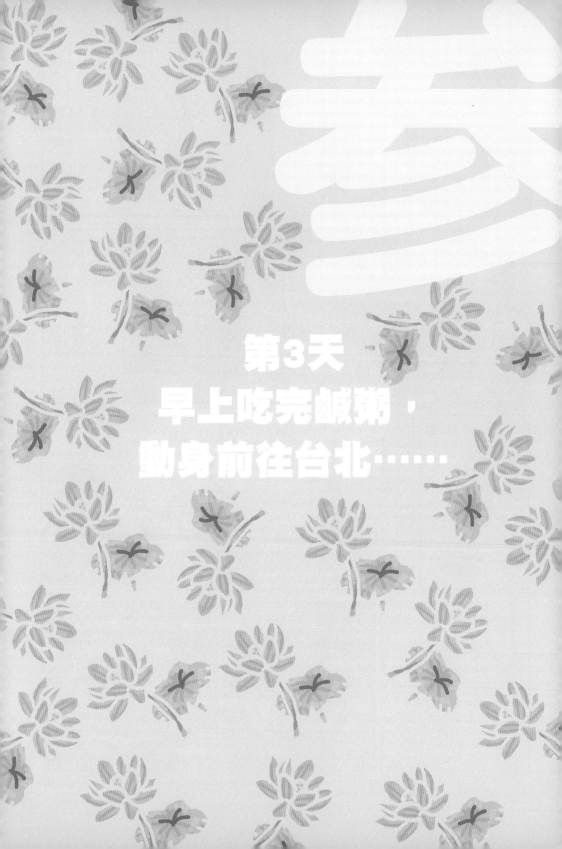

参

第3天
早上吃完鹹粥，
動身前往台北……

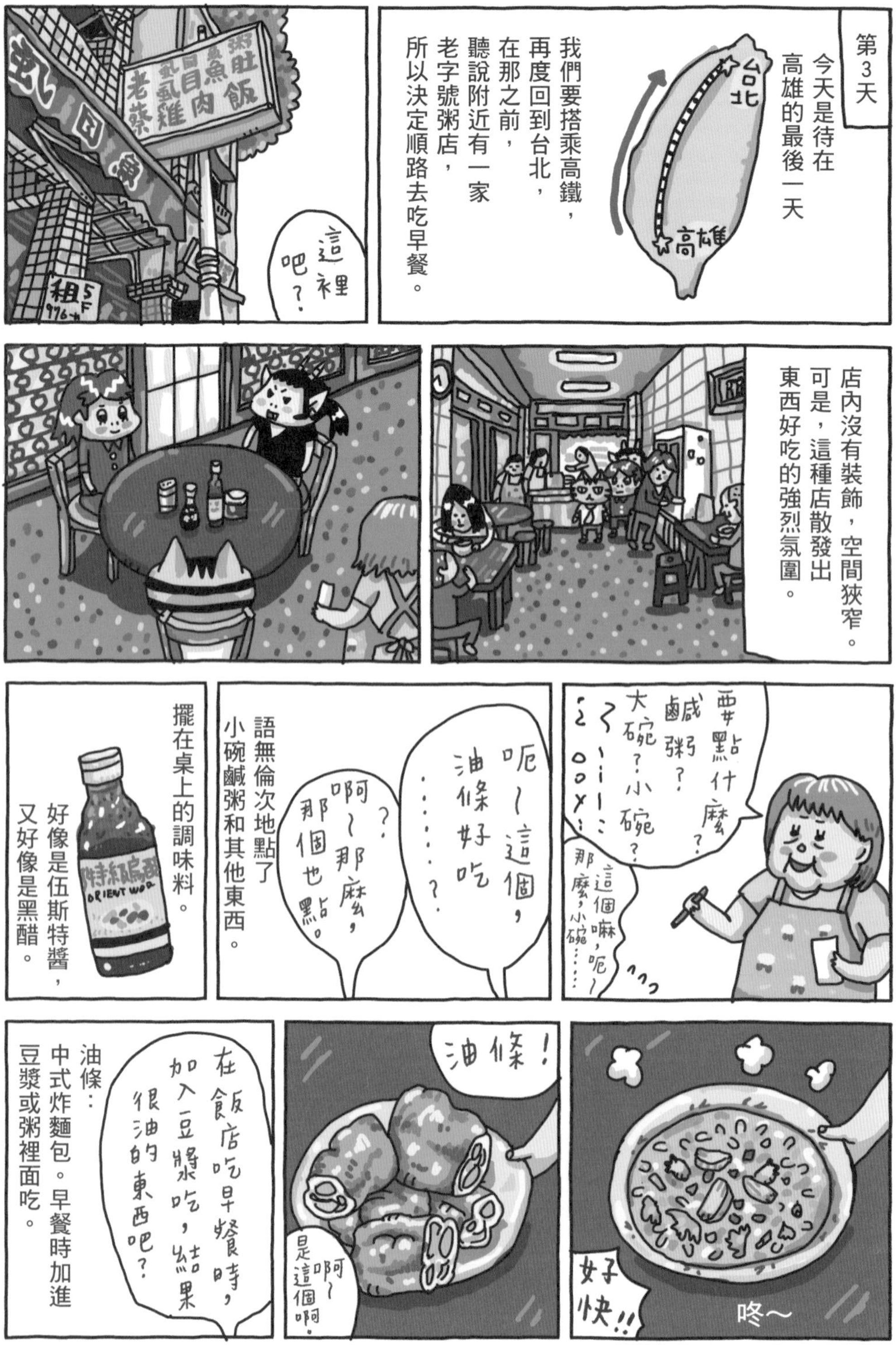

第3天
今天是待在高雄的最後一天
台北
高雄
我們要搭乘高鐵，再度回到台北，在那之前，聽說附近有一家老字號粥店，所以決定順路去吃早餐。
這裡吧？
老虱目魚肚
蔡雞肉飯
租 5F
店內沒有裝飾，空間狹窄。可是，這種店散發出東西好吃的強烈氛圍。
要點什麼？
鹹粥？
大碗？小碗？
ㄟ……
ㄟ……
這個嘛，呃～那麼，小碗……
呃～這個，油條好吃……？
？
啊～那麼，那個也點。
語無倫次地點了小碗鹹粥和其他東西。
擺在桌上的調味料。
好像是伍斯特醬，又好像是黑醋。
好快!!
咚～
油條！
啊～是這個啊。
在飯店吃早餐時，加入豆漿吃，結果很油的東西吧？
油條：中式炸麵包。早餐時加進豆漿或粥裡面吃。

料是雞胸肉、榨菜、小牡蠣，然後綠色的是香菜。
啊～，好好吃!!
加入魚高湯的湯很清爽，米比日本的不黏，鬆鬆散散的，很好入口。香菜也合我胃口。
……然後，這個要加進去嗎？
……嗯～
這個怎麼樣呢？變得好像把法國麵包插進鹹粥一樣……米配麵包不知道好不好吃？好像黏乎乎的。
爆漿！
媽呀～好吃得不得了!!
這是怎樣?!
泡得軟爛，我以為味道會變淡，沒想到炸麵包的焦香美味一股腦兒跑出來，替清爽的湯增添濃醇。儘管如此，一點也不油膩，美味倍增。
油條的去處決定了。我確信這傢伙比起加入豆漿，更該待在鹹粥裡，但我接受不同意見。
軟爛～
試著加入擺在桌上的豆瓣醬。
成功改變味道!!
這也很讚♪

真好吃～
早知道就點大碗的～♪
鹹粥好好吃～
真希望他們在我家附近開店。
♪
也有女性一個人坐在店頭的桌子吃鹹粥。
在台灣，在外面吃早餐似乎很一般，有許多人像這樣一個人吃早餐。
好，那麼，我們回飯店退房吧。
總覺得肚子有點餓。
已經餓了?!
我過得去。
咦～?!
不，我不行 我不行。
咻～
咻～
那傢伙……徹底適應台灣了。
訣竅在於毫不遲疑。
我們往這邊走，找到能過馬路的地方吧。
素食？那是什麼？
是不是粗茶淡飯？
喂
早餐
上午06～11
幸福水煎包 每粒12元．3粒30
快樂水煎餃 每粒4元．7粒25
美味素
大套餐組合
幸福水煎包，3顆30元啊……
附兩種蘸醬唷。
你們好慢。
在素食店，買到幸福水煎包～!!

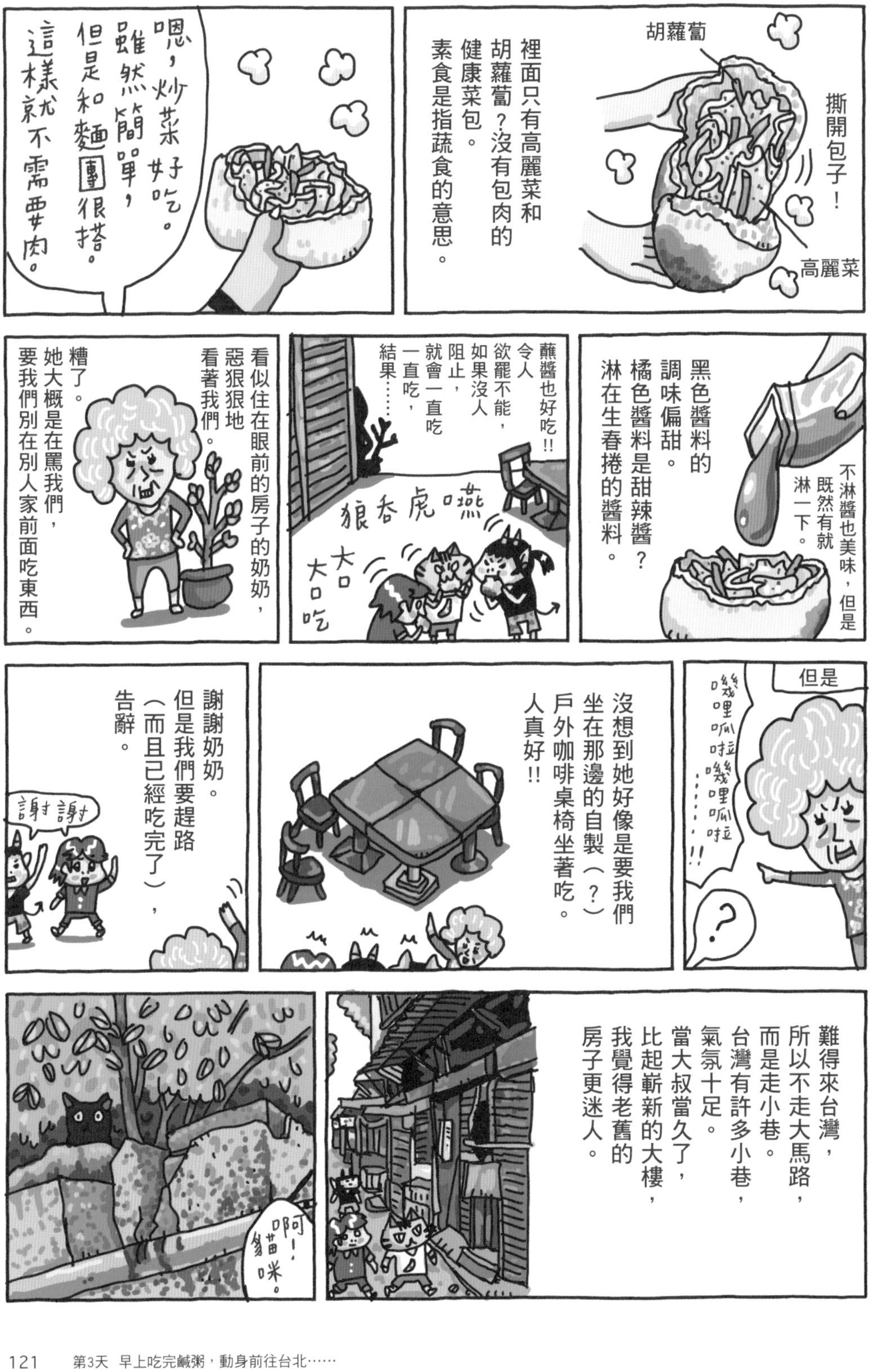
撕開包子！
胡蘿蔔
高麗菜
裡面只有高麗菜和胡蘿蔔？沒有包肉的健康菜包。素食是指蔬食的意思。
嗯，炒菜好吃。雖然簡單，但是和麵團很搭。這樣就不需要肉。
不淋醬也美味，但是既然有就淋一下。
黑色醬料的調味偏甜。橘色醬料是甜辣醬？淋在生春捲的醬料。
蘸醬也好吃!! 令人欲罷不能，如果沒人阻止，就會一直吃一直吃
結果……
狼吞虎嚥
大口大口吃
看似住在眼前的房子的奶奶，惡狠狠地看著我們。
糟了。她大概是在罵我們，要我們別在別人家前面吃東西。
但是
嘰哩呱啦嘰哩呱啦……!!
？
沒想到她好像是要我們坐在那邊的自製（？）戶外咖啡桌椅坐著吃。人真好!!
謝謝奶奶。但是我們要趕路（而且已經吃完了），告辭。
謝謝
難得來台灣，所以不走大馬路，而是走小巷。台灣有許多小巷，氣氛十足。當大叔當久了，比起嶄新的大樓，我覺得老舊的房子更迷人。
啊！貓咪。

澎湃野吉在小巷發現，令人感動的東西前3名～～♪
形狀好講究～
三郎麵包廠
TEL:551-5841
像是富士山！
鐵捲門的藍色和粉紅色，加上手寫的字，很有味道。
營業時間
退房!!
高雄超讚
再會了，漢王洲際飯店，待在高雄這幾天，多受關照了。
搭計程車前往高鐵左營站!!
那、那是……虛有其表的物產館!!
(所有人一起鬼叫)
物產館!!
閉嘴!!
又要麻煩你了。高鐵列車!!
第一天搭乘的時候，天色昏暗，看不太到車窗外的景色。今天能夠看到怎樣的景色呢？真是令人期待。
就這樣，3天的台灣高雄之旅暫時畫上了句點。
但是，誰料得到接下來會展開3天的台北之旅呢？
因此，我們的旅行這才要開始!!
別用像是斷頭漫畫的最後一句話收尾!!

來去
高雄晃一晃

結　束

非常清爽，但是高湯夠味，很好吃。

終於來了～感覺很好吃～

晨曦與懷舊的街道，感覺很棒。

包炒蔬菜的包子？大口咬下，味道很讚。

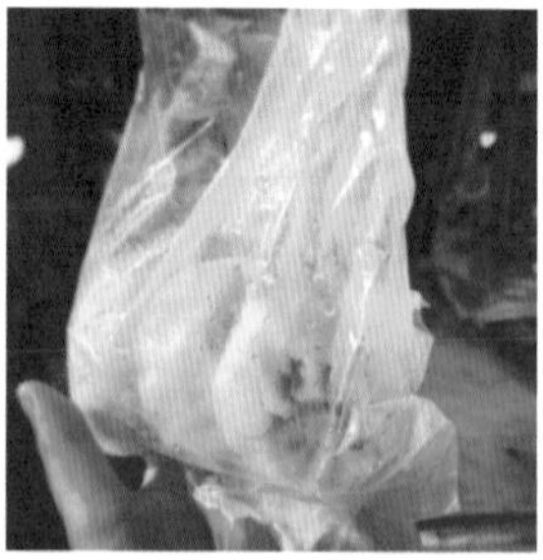

吃完早餐後到處晃，又買了。

吃了之後，馬上做筆記的作者。

以為老闆正在製作麵條，但是沒半個人。

發現長得像吉思魔的狗兒。

喵～紅磚牆和黑貓很配。

好，那麼，回去台北吧！

機車從正在小巷用餐的人旁邊呼嘯而過。

小巷到處都很有氣氛。

Photo diary 照片日記

後　記

現在不是寫後記的時候。

接下來，

馬上必須畫台灣台北篇。

呼～我會努力!!

最近，

到處都開了珍珠奶茶店。

希望也賣紫色夢幻。

那個果然很讚。

感謝您閱讀本書。

謝謝～!!

2019.10.25 Bon.

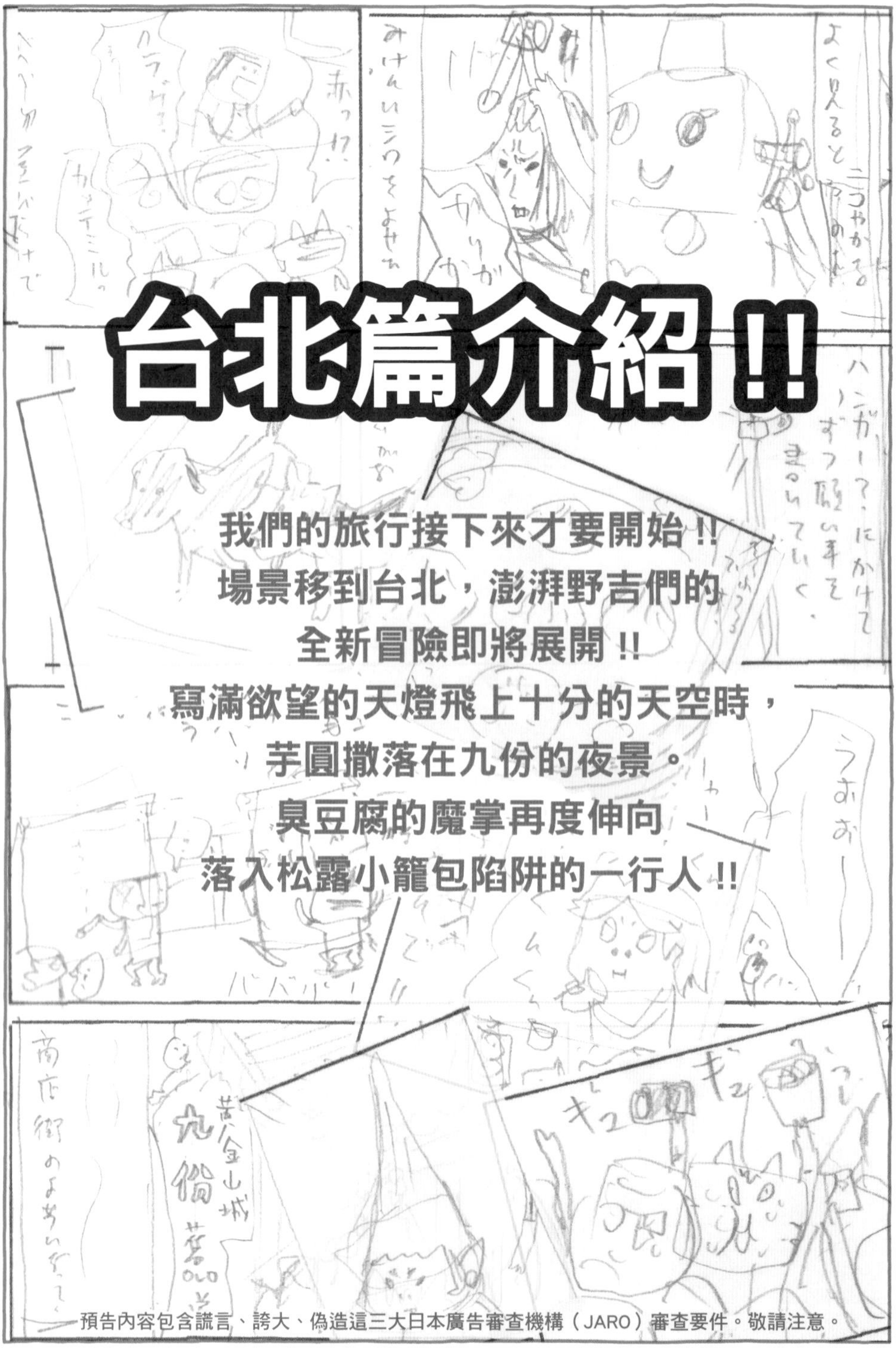

台北篇介紹!!

我們的旅行接下來才要開始!!
場景移到台北，澎湃野吉們的
全新冒險即將展開!!
寫滿欲望的天燈飛上十分的天空時，
芋圓撒落在九份的夜景。
臭豆腐的魔掌再度伸向
落入松露小籠包陷阱的一行人!!

預告內容包含謊言、誇大、偽造這三大日本廣告審查機構（JARO）審查要件。敬請注意。

※《澎湃野吉旅行趣台灣台北篇》正在專心創作中，截至2019年11月底為止，尚未決定販售日。

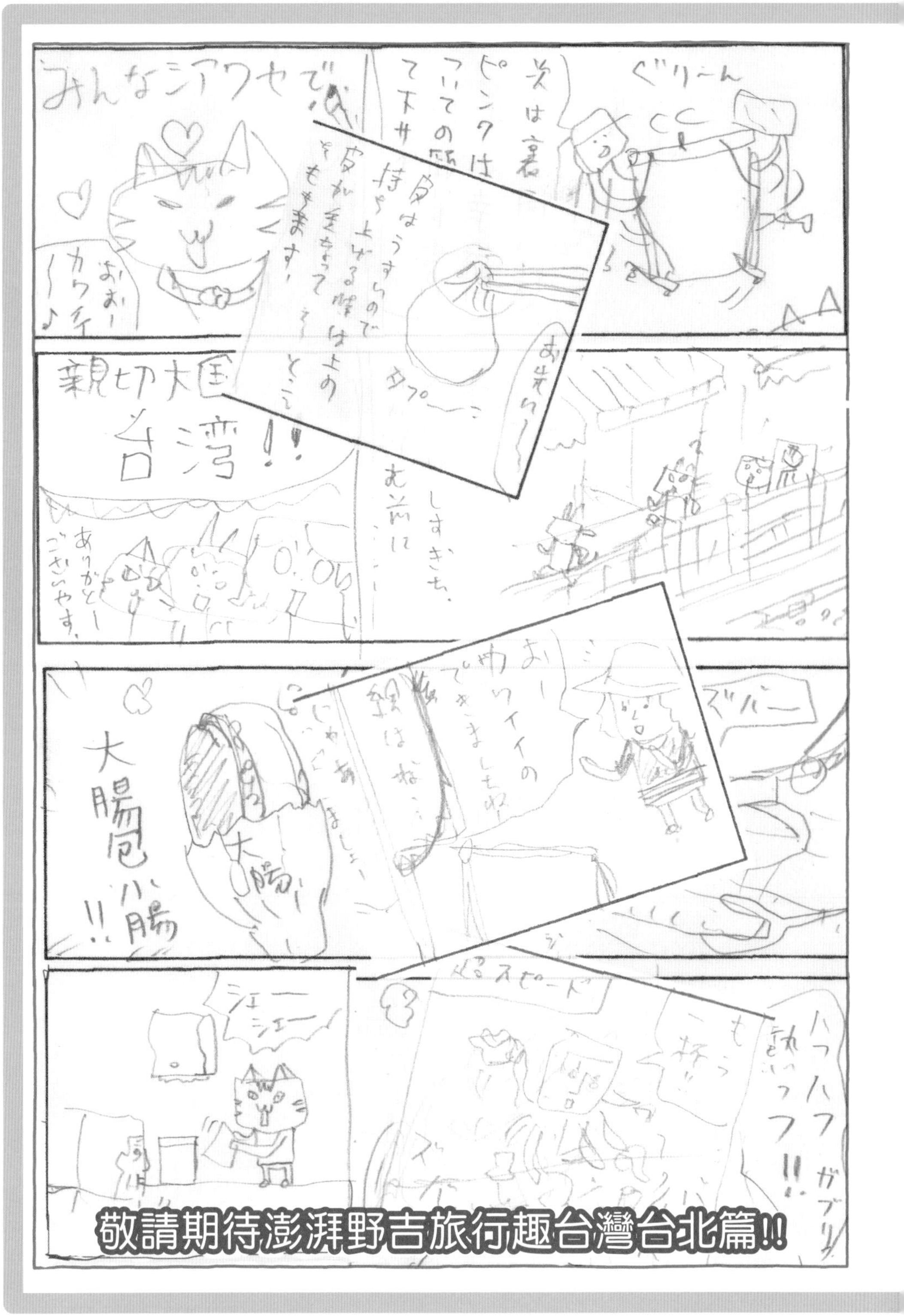

敬請期待澎湃野吉旅行趣台灣台北篇!!

※編註：日本於2020年10月出版。

■ 澎湃野吉

1973年生於岡山縣倉敷市。
插畫家。主要描繪大頭的動物角色。不知道涵義就拿來當作筆名的「澎湃野吉」，在法文是「旅途愉快」的意思，但是對旅行沒興趣，除非被逼才會去的宅男。首度造訪台灣。第3次到國外取材，這次好像最放鬆。包含書籍在內，活躍於網路、行動裝置、社群網站、文具等各種領域，受到廣泛世代的喜愛。著作有《澎湃野吉旅行趣》系列《成熟的澎湃野吉》《龍捲風按鈕》《動物小畫廊》（以上皆為主婦與生活社出版）等。

官方網頁
www.bonsha.com

LINE貼圖&主題

行動裝置官方桌布網站

TITAN 133

澎湃野吉旅行趣 6

來去高雄晃一晃

澎湃野吉◎圖文　張智淵◎譯　何宜臻◎手寫字

出　版　者｜大田出版有限公司
台北市 一〇四四五 中山北路二段二十六巷二號二樓
E - m a i l｜titan3@ms22.hinet.net　http：//www.titan3.com.tw
編輯部專線｜（02）2562-1383　傳真：（02）2581-8761
【如果您對本書或本出版公司有任何意見，歡迎來電】

填回函雙重贈禮♥
①立刻送購書優惠券
②抽獎小禮物

總　編　輯｜莊培園
副 總 編 輯｜蔡鳳儀
行 銷 企 劃｜陳映璇／黃凱玉
行 政 編 輯｜林珈羽
校　　　對｜黃薇霓／金文蕙
初　　　刷｜二〇二一年二月一日　定價：三五〇元

總　經　銷｜知己圖書股份有限公司
台　　　北｜一〇六 台北市大安區辛亥路一段三十號九樓
TEL：02-2367-2044 ／ 2367-2047　FAX：02-2363-5741
台　　　中｜四〇七 台中市西屯區工業三十路一號一樓
TEL：04-2359-5819　FAX：04-2359-5493
E - m a i l｜service@morningstar.com.tw
網 路 書 店｜http://www.morningstar.com.tw
郵 政 劃 撥｜15060393（知己圖書股份有限公司）
印　　　刷｜上好印刷股份有限公司
國 際 書 碼｜978-986-179-615-4　CIP：73391316/109018416